Für Cori...
viel Spaß...
...luft
das Hund...

STOP THINKING START DREAMING

INHALT

DIE RUNDE REVOLUTION IM ÜBERBLICK

DIE REVOLUTION IM KOCHTOPF
IST MEINE LEIDENSCHAFT:
RICHTIG KOCHEN, DAS IST
FÜR MICH IMMER SCHON
MEHR GEWESEN, ALS NACH
REZEPT UND DER NORM ENT-
SPRECHEND GESCHMÄCKER
NACHZUBAUEN.

KOCHEXPERIMENTE MIT DER SCHÖNSTEN NEBENSACHE DER WELT

VORWORT

EIN PAAR WORTE ZUM WESEN DER KNÖDELREVOLUTION

Wie kam es zu diesen Buch? Weil Essen für mich immer schon mehr war, als Nährstoffversorgung, Kochen nicht einfach das Mischen von Zutaten nach Anleitung – und Knödel alles andere als »nur« eine Beilage.

Dass ich Koch werden will, wusste ich eigentlich schon, seit ich mit 9 Jahren in der Gastwirtschaft meiner Großeltern in die Kochtöpfe gespitzt habe. Und ein bisserl ein aufrührerischer Spitzbub war ich auch schon immer ... Nicht nur deshalb liebe ich es, ungewöhnliche Geschmackskombinationen auszuprobieren.

In meinem Restaurant Michael's Leitenberg überrasche ich meine Gäste mit innovativen Gerichten zwischen Tradition und junger wilder Küche. Eröffnet habe ich 2012. Mit der Erfüllung dieses Traums von einem eigenen Restaurant bin ich in die gastronomischen Fußstapfen meiner Familie getreten – und habe gleichzeitig meinen eigenen, ganz neuen Weg begonnen. Als Chef bestimme ich ganz allein, mache, was ich will und natürlich auch vieles anders als meine Eltern und Großeltern. Und so, wie meine Entwicklung als Koch – vom kleinen, neugierigen Küchenhelfer im Familienbetrieb hin zum eigenständigen Profikoch –, verstehe ich auch die Revolution in der Küche.

Andere Wege gehen heißt nicht einfach alles Alte, Traditionelle zu vergessen oder Bayrisch gesagt »zum Deifi zum haun«. Was ich von meiner Familie und von meinen Lehrern gelernt habe, ist mir wertvolles Handwerkszeug für meine Eigenkreationen. Und so findet Ihr im Buch neben den Grundregeln der Knödelküche auch viele nützliche Profitipps. Ein paar Grundlagen braucht es halt doch, um die Geschmacksnerven erfolgreich auf neue Wege zu führen. Mit meinen revolutionären Knödelrezepten gebe ich Euch dann hoffentlich die richtige Inspiration für Eure eigenen kochtechnischen Experimente.

Wo wir schon bei den Grundlagen sind: Bei den Zutaten lege ich viel Wert auf Qualität, frische Gemüse und Kräuter, hochwertiges Fleisch, am besten Bio. Was Farbstoffe oder sonstigen neumodischen Küchenschnickschnack betrifft, bin ich »konservativ« und koche ganz wie früher mit den unverfälschten Zutaten. Und ich liebe regionale Produkte. Wer sich jenseits der stereotypen Discounterregale umschaut, wird bei den heimischen Produkten viele Entdeckungen machen. Und mit einem Krokodil-Steak auf Mokka-Grünalgen kann ein jeder Depp beeindrucken beziehungsweise schockieren. Aber aus altbekannten Zutaten etwas Außergewöhnliches zu zaubern, das braucht Kreativität und Experimentierfreude!

Und warum Knödel? Weil sie in ihrer schlichten Rundheit eine unendliche Vielfalt an Möglichkeit bergen, sich kulinarisch auszutoben, sie zu füllen, zu braten, in Ravioli zu schmuggeln, sie anzuzünden ... Und weil ich aus dem Alpenvorland, der Heimat der Knödel, komme und Euch mit den 36 deftigen und süßen Rezepten ein Stück lebendige, zeitgemäße Heimatküche schenken möchte.

Ich wünsche Euch viele schöne Kochmomente mit meinem ersten Buch!

Kulinarische Grüße
Euer

KNÖDOLOGIE

Dies ist eine Revolution, und wir erheben keinen Anspruch auf Vollständigkeit. Der Knödel in seiner schlichten runden Urform birgt unendlich viele Möglichkeiten. Mit den 36 Rezepten im Buch möchten wir dazu anregen, in der Küche zu experimentieren, zu probieren und zu träumen. Derweil arbeiten wir schon mal an den Ideen für die große Knödel-Enzyklopädie ;). – Für eine innovative Küche braucht es gar keine Ausflüge in die Molekularküche oder Nouvelle Cuisine. Man muss kein Profikoch sein und auch nicht mit den exotischsten Zutaten arbeiten. Der Knödel, die »Mutter aller traditionellen Beilagen«, ist auch die Keimzelle einer modernen, jungen, wilden Küche. Die nötigen Zutaten: der Mut, über den kulinarischen Tellerrand hinauszuschauen, gute, am besten regionale Zutaten und eine ordentliche Prise küchenanarchischer Wahnsinn.

Einige Grundregeln sollte man aber doch befolgen:

DIE 10 GEBOTE FÜR PERFEKTE KNÖDEL

1 Lege Dir Knödelbrotvorräte an! Das ist nachhaltig und Du bekommst eine gute Auswahl für Deine Knödelexperimente.
Grundsätzlich ist fast jedes altbackene Brot tauglich, Semmelknödel sind eine wunderbare Resteverwertungsmöglichkeit. Was aber nicht heißt, dass wir wahllos zusammenwerfen, was so anfällt. Feine Knödel, wie etwa die Briocheknödel von Seite 31, erfordern ein feinporiges mildes Brot, etwa Brioche, helles Weißbrot oder Toast. Deftigere Knödel vertragen Schwarz- und Mischbrot oder auch mal mit Kümmel und anderen Brotgewürzen

stark gewürzte Semmeln. Bei Bedarf einfach die Würzung aus dem Rezept etwas reduzieren. Lecker schmecken übrigens auch altbackene Brezen & Co. als Knödelbrot. Das am besten vor dem Überbrühen kurz in der Pfanne anrösten – gibt ein wunderbares Aroma. Ich koche Brezenknödel am liebsten als Serviettenknödel, weil durch die Folie der Laugengeschmack vollständig erhalten bleibt.

2 Schneide das Knödelbrot mit Sorgfalt in etwa 1 cm große Würfel oder etwa 4 mm dicke Scheibchen.

3 Mischen, nicht kneten.
Übe nicht zu viel Druck auf die Knödelmasse aus, sonst zerstörst Du die Struktur der Brotwürfel und der Knödel wird sehr hart und fest. Wie schon aus dem 2. Gebot ersichtlich: Knödelteigmischen ist kein gefühlloses Bazen, sondern die Grundlage des runden Glücks! Lockere Knödel mit einer guten Struktur und Bindung brauchen gut ausgewählte Zutaten und eine liebevolle Hand.

EXTRATIPP

»Fortgeschrittene« wagen sich an die Verfeinerung der Optik und mischen einige etwas größere Würfel unter die Masse, beispielsweise einige Brezenstückchen, oder arbeiten mehrfarbig.

1

2

3

4 Knödeldrehen mit Achtsamkeit: Forme den Knödel mit feuchten Händen und wenig Druck (Bild 1). Die Masse soll nicht verdichtet werden, aber die Oberfläche schön glatt und geschlossen. Knödel mit stark strukturierter Oberfläche laugen aus, verlieren an Geschmack und werden außen matschig-wässrig.

5 Koche Knödel niemals sprudelnd! Knödelkochwasser wird leicht gesalzen und zuweilen gewürzt und dann aufgekocht. Die Knödel ins kochende Wasser einlegen, dann sofort die Hitze reduzieren, sodass das Wasser nicht mehr sprudelt, sondern ganz sanft wallt. TIPP: Etwas Stärke mit kaltem Wasser anrühren und in das Kochwasser einlaufen lassen, dann kochen die Knödel so gut wie nicht ab und bekommen eine wunderbar glatte Oberfläche. Super bei Kartoffelknödeln.

6 Achte den Probeknödel! Lege zuerst nur einen Knödel in das Kochwasser und beobachte, ob er zusammenhält. Zerfällt er oder kocht extrem ab, gib noch etwas Stärke oder Semmelbrösel in die Masse.

7 Lass dem Knödel Zeit: Wenn er fertig ist, beginnt er zu tanzen, schwimmt oben und dreht sich immer wieder von selbst (Bild 2). Das zeigt an, dass die Masse schön aufgegangen ist.

8 Lass Knödel nicht zu lange im Wasser. Während des Essens kann man sie schon noch etwas im Topf warm halten, aber zur Dauerlagerung ist das feuchte Element ungeeignet, der Knödel weicht auf und wird matschig. Nimm ihn heraus, lass ihn gut abtropfen und lagere ihn gekühlt und abgedeckt beziehungsweise in Frischhaltefolie gewickelt. Zum Aufwärmen entweder in heißem

Wasser nochmals sanft wallend erhitzen oder mit etwas Wasser in die Mikrowelle geben.

9 Es gibt nie zu viele Knödel! Der Begriff des übrigen Knödels ist unsinnig, denn ein Knödel ist nicht nur frische Beilage oder Hauptgang, sondern birgt in sich die Möglichkeit für neue Gerichte: Gröstl, Knödelsalat und noch viel mehr. Lass also niemals einen Knödel verkommen. Ich mache, wenn ich Semmelknödel mache, gerne die doppelte Portion.

10 Sei experimentierfreudig und führe die Knödelrevolution mit Feuereifer (Bild 3) weiter. In der Welt der Knödel gilt: Geht nicht, gibt's nicht. Wir haben mit unseren 36 Rezepten den Grundstein für den kreativen Genusswahnsinn in der Küche gelegt. – Jetzt seid Ihr dran!

DIE VIELFALT DER KNÖDEL

Deftig oder süß, aus Semmel- oder Kartoffelteig, Quark- oder Germmasse, aus Grieß, Farce, Reis oder Eis. Sie werden gekocht, gedämpft, gebraten oder auch mal im Glaserl gegart. Man kann nahezu alles in die runde Form bringen. Und Knödel müssen nicht einmal rund sein: Klassiker wie der Serviettenknödel machen es vor. Im Folgenden erklären wir einige Handgriffe, die häufig im Buch vorkommen.

KNÖDEL DÄMPFEN

Besonders empfindliche und feine Knödel dämpft man am besten in einem Kochtopf mit Dämpfeinsatz: Unten in den Topf kommt nur so viel Wasser, dass die im darüber liegenden Dämpfeinsatz liegenden Knödel nicht im Wasser stehen. So bleiben die Knödel garantiert in Form und laugen geschmacklich nicht aus.

Wer einen Ofen mit Dampfgarfunktion hat, kann die Knödel natürlich auch im Ofen zubereiten, aber der gute alte Kartoffeldämpfer reicht vollkommen.

KNÖDEL FÜLLEN

Knödel an sich sind ja schon die pure Freude, aber die mit Füllung setzen noch eins drauf. Ob wir den Kartoffelknödel klassisch mit etwas gerösteten Brotwürfeln füllen oder geschmackvolle Überraschungen wie Blaukraut oder Schokolade einpacken, das Prinzip ist immer dasselbe:

1 Einen Knödel formen, diesen leicht flach drücken, wobei mit 2 oder 3 Fingern schon eine mittige Vertiefung geformt wird.

2 Die Füllung hineingeben und die Seiten sorgfältig darüber zusammenlegen, sodass die Füllung gleichmäßig dick von Teig umgeben ist.

3 Wie beim normalen Knödelformen mit wenig Druck den Knödel mit feuchten Händen wieder rundformen, sodass die Nahtstellen sorgfältig verschlossen sind.

EXTRATIPP: Weiche Füllungen portionieren und anfrosten.

SERVIETTENKNÖDEL FORMEN

In der Serviette oder besser gesagt in Frischhaltefolie und Alufolie gegarte Knödel lassen sich nicht nur in schöne gleichmäßige Scheiben schneiden. Der Knödelteig kann mit viel Eischnee sehr weich gehalten werden und der Knödel wird wunderbar luftig. Außerdem laugen die Aromen im Kochwasser nicht aus. Ein etwa 40 cm langes Stück Frischhaltefolie sowie ein passendes Stück Alufolie zuschneiden.

1 Den Knödelteig längs mittig auf der Frischhaltefolie verteilen, an den Seitenrändern mindestens 8 cm frei lassen.

2 Die zum Körper gelegene Längsseite der Folie über die Knödelmasse legen, dann die gegenüberliegende Seite etwas darüber ziehen und eine Art Wurst rollen.

3 Die überstehende Folie an den Seiten eindrillen und die Rolle immer in dieselbe Richtung über die Arbeitsfläche rollen, bis sich die Folie spannt.

4 Die verdrehten Folienenden wie auf dem Bild einklappen.

5 Die Rolle nun mittig auf die Alufolie legen und darin einrollen. Man gibt gesalzene Speisen übrigens nie pur auf Alu. Es könnten sich schädliche Stoffe lösen!

6 Den Serviettenknödel wie ein Bonbon fest verpacken, anschließend in kochendem Salzwasser garen.

NEUES AUS DER
HEIMAT
DER KNÖDEL

JUNGE ALPENKÜCHE

ANRICHTEN
Die heiße, aber nicht mehr
kochende Suppe mit dem
Pürierstab aufschäumen und
mit den Schnittlauchknödeln
servieren.

KLOß IM SCHAUMBAD

PETERSILIENWURZELSÜPPCHEN MIT SCHNITTLAUCHKNÖDELN

FÜR DIE SUPPE

1 EL Rapsöl
400 g Petersilienwurzel,
geschält und gewürfelt
1 Zwiebel, gewürfelt
1 Scheibe Ingwer, frisch
1 Knoblauchzehe, geschält
1 Zweig Rosmarin
1 Zweig Thymian
200 ml Weißwein
400 ml Apfelsaft
600 ml Sahne
Salz und frisch gemahlener
schwarzer Pfeffer
nach Geschmack
20 ml Zitronensaft

1 In einem Topf mit Rapsöl die Petersilienwurzel und die Zwiebelwürfel mit Ingwer, Knoblauch, Rosmarin und Thymian bei mittlerer Hitze farblos anschwitzen.

2 Das Gemüse mit Weißwein und Apfelsaft ablöschen. Die Flüssigkeit im Topf ohne Deckel sprudelnd auf die Hälfte einkochen, dann die Sahne dazu gießen und nochmals auf ¾ reduzieren.

3 Den Topf vom Herd nehmen und die Kräuterzweige herausnehmen. Die Suppe mit dem Pürierstab sämig mixen und – wenn's richtig fein sein soll – abschließend durch ein Sieb passieren. Mit Salz, Pfeffer und etwas Zitronensaft abschmecken und warm stellen. Vor dem Servieren aufschäumen (→ Tipp S. 17).

FÜR DIE KNÖDEL

1 Schalotte, fein gewürfelt
2 EL Butter
120 ml Milch
Salz und frisch gemahlener
schwarzer Pfeffer
nach Geschmack
1 Prise Muskat, gerieben
200 g Schwarzbrot, gewürfelt
2 Eier
6 EL fein geschnittener Schnittlauch

1 Die Schalotte in Butter glasig anschwitzen, dann mit der Milch aufgießen. Mit Salz, Pfeffer und Muskat würzen und alles auf etwa 90 °C erhitzen.

2 Die Schwarzbrotwürfel in einer Schüssel mit der heißen Milch übergießen und abgedeckt 25 Minuten ziehen lassen. Anschließend mit den Eiern und der Hälfte der Schnittlauchringe zu einer gut bindenden Masse vermengen. Nicht kneten!

3 Aus dem Knödelteig mit angefeuchteten Händen 20 kleine Klößchen drehen. Die Knödel in reichlich kochendem Salzwasser in etwa 10 Minuten gar ziehen lassen. Anschließend in den restlichen Schnittlauchringen wälzen und in der frisch aufgeschäumten Suppe servieren.

WER FÜR DIE DROHENDE
VÖLLEREI PRÄVENTIV BUSSE
TUN WILL, REIBT DEN MEER-
RETTICH OHNE SCHUTZBRILLE.
TRÄNENFLUSS GARANTIERT!

BAYRISCHE PRIESTERWÜRGER

WIRSINGKNÖDEL MIT MEERRETTICHSCHAUM

FÜR DIE KNÖDEL

8 große Wirsingblätter
600 ml Milch
Salz und frisch gemahlener
schwarzer Pfeffer
nach Geschmack
1 Prise Muskat, gerieben
500 g Vollkorntoast, gewürfelt
6 Eigelb
6 Eiweiß, steif geschlagen

1 Die harten Mittelachsen der Wirsingblätter herausschneiden. Den Wirsing für 2 Minuten in kochendes Salzwasser geben, anschließend sofort in Eiswasser abschrecken und zwischen 2 Tüchern gut trocken tupfen.

2 Für die Knödelmasse die Milch mit Salz, Pfeffer und Muskat auf 90 °C erhitzen. Das Toastbrot in einer Schüssel mit der heißen Milch übergießen und abgedeckt 30 Minuten ziehen lassen. Anschließend zuerst das Eigelb untermischen, dann den Eischnee unter die Knödelmasse heben, sodass eine sehr weiche, lockere Masse entsteht.

3 Zum Wickeln der Knödel je ein Wirsingblatt auf einem Stück Frischhaltefolie ausbreiten und leicht salzen. Die Knödelmasse gleichmäßig auf die Wirsingblätter verteilen und darauf verstreichen. Die Blätter anschließend zu kleinen Rouladen aufrollen und diese wie kleine Serviettenknödel fest in Folie und Alufolie einwickeln (→ S. 11). Im Backofen oder in einem Topf mit Dämpfeinsatz bei 100 °C für 25 Minuten dämpfen (→ S. 10).

FÜR DEN MEERRETTICHSCHAUM

200 ml Weißwein
1 Schalotte, gewürfelt
1 Zweig Thymian
200 ml Apfelsaft
200 ml Gemüsebrühe
400 ml Sahne
Evtl. einige fein gehobelte
Meerrettichstreifen
4 EL frischer Meerrettich, gerieben
Salz und frisch gemahlener
schwarzer Pfeffer
nach Geschmack

1 Den Weißwein mit der Schalotte und dem Thymian in einem Topf ohne Deckel so lange sprudelnd kochen lassen, bis die Flüssigkeit fast vollständig weg reduziert ist. Apfelsaft und Gemüsebrühe angießen und den Ansatz erneut auf die Hälfte einkochen. Anschließend die Sahne einrühren und wieder bis auf die Hälfte reduzieren.

2 Wer mag, kann in der Zwischenzeit zum Garnieren einige fein gehobelte Meerrettichstreifen in einer Pfanne ohne Fett anrösten.

3 Die fertige Reduktion vom Herd nehmen. Meerrettich, Salz und Pfeffer untermischen und die Sauce vor dem Servieren mit dem Pürierstab schaumig mixen.

TIPP: In einem weiten Topf mit viel Oberfläche aufschäumen und den Pürierstab nur wenig eintauchen!

IN- UND AUSWENDIG

BLAUKRAUTKNÖDEL MIT WALNUSSPESTO

PROFITIPP
Braune Butter, auch Nuss-butter genannt, macht man, indem man Butter bei mittlerer Hitze so lange erhitzt, bis sich die weißen Molkepunkte hellbraun verfärben.

FÜR DAS BLAUKRAUT

800 g Rotkohl, fein gehobelt
Salz und Zucker
100 ml Johannisbeersaft
50 ml Rotwein
200 ml Gemüsebrühe
2 Pimentkörner
½ TL schwarze Pfefferkörner
1 Gewürznelke, 1 Zimtsplitter
½ Stück Vanilleschote (ca. 2 cm)
1 Tonkabohne, gerieben
1 Lorbeerblatt
2 EL Apfelmus
1 EL Preiselbeerkompott
1 EL Himbeeressig

1 Den gehobelten Rotkohl in einer Schüssel mit ½ Teelöffel Salz und 1 Teelöffel Zucker mischen und 30 Minuten ziehen lassen.

2 1 Teelöffel Zucker in einen großen Topf geben und bei milder Hitze hell karamellisieren lassen, dann mit Johannisbeersaft und Rotwein aufgießen. Das Karamell wird zuerst hart, löst sich beim Kochen aber wieder.

3 Rotkohl und Brühe zum Ansatz geben, den Topf mit Backpapier abdecken und das Kraut bei milder Hitze etwa 1 ½ Stunden mehr ziehen als köcheln lassen, dabei regelmäßig umrühren. Nach 1 Stunde ein Gewürzsäckchen mit den Gewürzen und das Lorbeerblatt dazugeben.

4 Am Ende der Garzeit das Lorbeerblatt und das Gewürzsäckchen entfernen und das Apfelmus und die Preiselbeeren unterrühren. Mit dem Essig und etwas Salz und Zucker abschmecken. Die Hälfte des Blaukrauts in 16 Portionen, beispielsweise in einer Eiswürfelform, einfrieren, den Rest beiseitestellen.

FÜR DIE KNÖDEL

1,2 kg mehlig kochende Kartoffeln
30 g braune Butter (→ Tipp)
100 g Speisestärke
2 Eigelb
Salz und frisch gemahlener
schwarzer Pfeffer
nach Geschmack
1 Prise Muskat, gerieben

1 Die ungeschälten Kartoffeln kochen. Abgießen, nur kurz ausdämpfen lassen, schälen und noch heiß durch eine Kartoffelpresse drücken.

2 Genau 1 kg der Kartoffelmasse abwiegen und mit der braunen Butter, Stärke, Eigelb, Salz, Pfeffer und Muskat zu einem gut bindenden Teig mischen.

3 Mit angefeuchteten Händen 12 Knödel formen und diese mit den Blaukrautwürfeln füllen (→ S. 10). In reichlich kochendem Salzwasser 20 Minuten sanft wallend gar ziehen lassen.

FÜR DAS WALNUSSPESTO

100 g Walnüsse, geschält
100 ml Walnussöl
80 g Parmesan, gerieben
Salz und frisch gemahlener schwarzer Pfeffer
nach Geschmack
½ TL Lavendelblüten, getrocknet

1 Die Nüsse in einer Pfanne ohne Fett rösten. Anschließend zusammen mit den restlichen Zutaten mit dem Pürierstab zu einem groben Pesto mixen. Die Knödel zum Servieren auf etwas Blaukraut anrichten und mit dem Pesto beträufeln.

TIPP: Dazu schmeckt übrigens auch der Weißbierschaum von Seite 23.

GOURMET-KASKNÖDEL

MANGOLD-GORGONZOLA-KNÖDEL MIT BIRNENCONFIT

FÜR DIE KNÖDEL

1 Schalotte, fein gewürfelt
2 EL Butter
200 ml Milch
Salz und frisch gemahlener
schwarzer Pfeffer
nach Geschmack
1 Prise Muskat, gerieben
400 g Toastbrot, gewürfelt
3 Eier
80 g Mangoldgrün, in feine
Streifen geschnitten:
die Stiele für das Confit verwenden!
100 g Gorgonzola

1 Die Schalotte in Butter glasig anschwitzen,
dann mit der Milch aufgießen. Mit Salz, Pfeffer
und Muskat würzen und alles auf 90 °C erhitzen.

2 Die Toastwürfel in einer Schüssel mit der
heißen Milch übergießen und abgedeckt 25 Minuten ziehen lassen. Anschließend mit den Eiern
und dem Mangold zu einer gut bindenden Masse
vermengen. Nicht kneten!

3 Den Gorgonzola in 8 Portionen aufteilen. Aus
dem Knödelteig mit angefeuchteten Händen 8 Knödel drehen und mit Gorgonzola füllen (→ S. 10).
1 Stunde kalt stellen, anschließend in reichlich
kochendem Salzwasser 20 Minuten sanft wallend
gar ziehen lassen.

FÜR DAS BIRNENCONFIT

2 Birnen, geschält und gewürfelt
100 g Mangoldstiele, gewürfelt
60 g Zucker
50 ml Apfelsaft
Saft von 2 Zitronen
Mark von 1 Vanilleschote

1 Die Birnenwürfel mit Mangold, Zucker, Apfelsaft,
Zitronensaft und Vanille in einem Topf ohne Deckel
so lange kochen, bis die Flüssigkeit auf etwa die
Hälfte reduziert ist.

Heiß zu den frisch gekochten Knödeln servieren.

CONFIT

Confit ist eigentlich in Fett gekoch-
tes Fleisch. Obstconfits werden
in Zucker eingekocht. Das süße
Birnenconfit mit einem Hauch
Vanille harmoniert wunderbar
mit dem Grogonzola. Auch für
Fleischesser ein Genuss!

WIE EIN FISCH IM WASSER

SAIBLINGSKNÖDEL IM WEISSBIERSCHAUM

FÜR DIE KNÖDEL

800 g Saiblingsfilet, ohne Haut und Gräten
Salz nach Geschmack
360 g Sahne
2 cl trockener Sherry
Saft von 1 Zitrone
Frisch gemahlener
schwarzer Pfeffer nach Geschmack
8 große Spinatblätter, blanchiert

1 400 g Saibling klein schneiden und mit etwa
2 Prisen Salz würzen. Den Fisch sowie einen
Behälter mit der Sahne im Tiefkühlfach für circa
30 Minuten leicht anfrosten.

2 Die geeisten Fischwürfel in der Küchenmaschine
oder mit dem Pürierstab zügig zu einer glatten
Farce (→ Farce S. 48) verarbeiten: Dazu zuerst die
Hälfte der Sahne zufügen, kurz mixen, dann die
restliche Sahne dazugießen und weiter mixen, bis
eine glatte Masse entsteht – so bleibt die Farce
schön kalt. Die Farce durch ein feines Sieb streichen, um Grätenreste abzufangen, und mit Sherry,
etwas Zitronensaft und Salz abschmecken.

3 Den restlichen Saibling in 8 kleine Würfel à 4 cm
schneiden und mit etwas Salz und Pfeffer würzen.
Je ein Spinatblatt auf ein Stück Frischhaltefolie
legen, mit ⅛ der Fischfarce bestreichen und einen
Fischwürfel in die Mitte setzen. Anschließend das
Spinatblatt mithilfe der Folie zu einem Viereck
zuklappen, das Päckchen mit den Händen in Knödelform bringen und für 15 Minuten bei 100 °C in einem
Kochtopf mit Dämpfeinsatz (→ S. 10) dämpfen.

FÜR DEN WEISSBIERSCHAUM

200 ml Weißbier
100 ml Apfelsaft
1 Zweig Thymian
1 Zweig Rosmarin
1 Scheibe Ingwer
1 Schalotte, gewürfelt
400 ml Sahne
Salz und frisch gemahlener
schwarzer Pfeffer nach Geschmack

1 Das Weißbier und den Apfelsaft mit den Kräutern,
dem Ingwer und den Schalottenwürfeln in einem
Topf ohne Deckel auf ¾ der Menge einkochen. Dann
die Sahne dazu gießen und nochmals auf die Hälfte
reduzieren.

2 Die Biersauce durch ein feines Sieb seihen
und mit Salz und Pfeffer abschmecken. Direkt
vor dem Servieren die heiße, aber nicht mehr
kochende Sauce mit dem Pürierstab aufschäumen
(→ Tipp S. 17).

BOUILLABAISE BAVAROISE

SCHWEINSBRATEN INSIDE OUT

KNÖDELROLLBRATEN MIT BAYRISCH KRAUT UND KÜMMELBRÖSELN

KNÖDELROLLBRATEN

Hier wird die Beilage zur Hauptsache. Resteküche oder kulinarisch-revolutionäres Statement? – Egal, Hauptsache, es schmeckt!

FÜR DIE SERVIETTENKNÖDEL

300 ml Milch
Salz, frisch gemahlener schwarzer
Pfeffer und
1 Prise geriebener Muskat
oder Michael's Fleischsalz
250 g Knödelbrot
300 g Schweinebraten, grob gewürfelt
1 Zwiebel, gewürfelt
1 Knoblauchzehe, fein gewürfelt
2 Zweige Thymian, gehackt
1 Zweig Rosmarin, gehackt
50 g Butter
4 Eigelb, 4 Eiweiß, steif geschlagen

1 Die Milch mit Salz, Pfeffer und Muskat auf 90 °C erhitzen. Das Knödelbrot in einer Schüssel mit der Milch übergießen und abgedeckt 30 Minuten ziehen lassen. In der Zwischenzeit die Bratenwürfel mit den Zwiebelwürfeln, Knoblauch und den gehackten Kräutern in Butter kräftig anbraten, dann zum Abkühlen beiseitestellen.

2 Die Eigelbe in das eingeweichte Knödelbrot einarbeiten und anschließend den Eischnee vorsichtig unterheben, sodass eine sehr weiche, lockere Masse entsteht.

3 Zum Formen des Serviettenknödels ein 30 cm langes Stück Klarsichtfolie auf Alufolie legen und die Knödelmasse darauf glatt streichen. Die Bratenstücke mittig darauf verteilen. Eine Rolle formen und diese straff in die Folie einwickeln (→ S. 11). In reichlich siedendem Salzwasser bei mittlerer Hitze 45 Minuten garen.

4 Den Knödel in der Folie mindestens 2 Stunden auskühlen lassen. Zum Servieren auspacken, in Scheiben schneiden und diese in einer Pfanne mit etwas Butter goldbraun braten.

FÜR DAS BAYRISCH KRAUT

1 Kopf Weißkraut (ca. 800 g),
geputzt und in Rauten (Fleckerl)
geschnitten
1 Zwiebel, gewürfelt
2 EL Butter
1 Apfel, gewürfelt
1 TL Kümmel, ganz
1 EL Zucker
1 Zweig Thymian
400 ml Fleischbrühe
200 ml dunkles Bier
Salz und frisch gemahlener
schwarzer Pfeffer nach Geschmack

1 Weißkrautfleckerl und Zwiebelwürfel in einem großen Topf in Butter anschwitzen. Anschließend die Apfelwürfel, Kümmel, Zucker und Thymian hinzugeben und etwa 4 Minuten mitbraten.

2 Mit der Brühe und dem Bier ablöschen und für 30–40 Minuten mit Deckel schmoren lassen. Danach die Flüssigkeit so lange im offenen Topf einkochen lassen, bis sie bindet. Mit Salz, Pfeffer und Zucker abschmecken.

FÜR DIE KÜMMELBRÖSEL

80 g Semmelbrösel
1 TL Kümmel, ganz
100 g Butter

1 Die Semmelbrösel mit dem Kümmel in der Pfanne goldbraun anrösten, die Butter hinzugeben und unter ständigem Rühren schmelzen lassen.

Zum Servieren die Brösel großzügig über die gebratenen Knödelscheiben geben.

GRAMMELKNÖDEL DE LUXE

LARDOKNÖDEL MIT SCHWARZEN TRÜFFELN

FÜR DIE GRAMMELKNÖDEL

1 Schalotte, fein gewürfelt
2 EL Butter
120 ml Milch
Salz und frisch gemahlener
schwarzer Pfeffer nach Geschmack
1 Prise Muskat, gerieben
200 g Schwarzbrot, gewürfelt
2 Eier
3 EL Schnittlauch, fein geschnitten
30 g Parmesan, gerieben
100 g Lardo, klein gewürfelt
50 g Butter
16 Scheiben Lardo
1 Zweig Rosmarin
1 Zweig Thymian
30 g schwarze Trüffel, fein gehobelt
2 EL Parmesanspäne

1 Die Schalotte in Butter glasig anschwitzen, dann mit der Milch aufgießen. Salz, Pfeffer und Muskat hinzugeben und alles auf 90 °C erhitzen.

2 Die Schwarzbrotwürfel in einer Schüssel mit der Milch übergießen und abgedeckt 25 Minuten ziehen lassen. Anschließend mit den Eiern, den Schnittlauchringen, dem Parmesan und den Lardowürfeln zu einer gut bindenden Masse vermischen. Nicht kneten!

3 Mit feuchten Händen 16 kleine Knödel formen und diese in kochendem Salzwasser 15 Minuten sanft wallen lassen. Anschließend die Knödel aus dem Wasser nehmen und 10 Minuten abkühlen lassen.

4 In der Zwischenzeit für die braune Butter etwas Butter schmelzen und so lange sanft brutzeln lassen, bis sich die Molke am Boden absetzt und goldbraun röstet.

5 Jeden Knödel mit einer Lardoscheibe einwickeln und in einer Pfanne ohne Fett mit Rosmarin und Thymian goldbraun braten.

Pro Person 4 Knödel mit etwas brauner Butter begießen und mit fein gehobeltem Trüffel und Parmesanspänen servieren.

VOLL FETT
Lardo ist ein mit Meersalz und Kräutern gereifter Rückenspeck vom Landschwein. – Ein salzig-nussiger Hochgenuss. Natürlich können die Grammelknödel auch mit einem anderen hochwertigen Speck zubereitet werden.

FÜR DAS KNÖDELSOUFFLÉ

250 g Schwarzbrot, gewürfelt
60 g Butter
2 Schalotten, gewürfelt
¼ Bund Petersilie, gehackt
1 EL Rapsöl, 200 ml Milch
Salz, frisch gemahlener
schwarzer Pfeffer und
1 Prise geriebener
Muskat oder Michael's Wildsalz
50 g Schwarzwälder Schinken, gewürfelt
4 Eigelb, 4 Eiweiß, steif geschlagen

· ·

1 Die Schwarzbrotwürfel in einer Pfanne mit 40 g
Butter 5 Minuten rösten, dann in einer Schüssel
beiseitestellen. Schalotten und Petersilie in Rapsöl
glasig anschwitzen, anschließend mit der Milch
aufgießen, Salz, Pfeffer, Muskat und Schinken
hinzufügen und alles auf 90 °C erhitzen.

2 Die heiße Milch über die Brotwürfel gießen
und abgedeckt 25 Minuten ruhen lassen. In der
Zwischenzeit 4 feuerfeste Förmchen mit der
restlichen Butter einfetten und den Backofen
rechtzeitig auf 200 °C Umluft vorheizen.

3 Zuerst das Eigelb mit dem eingeweichten
Knödelbrot gut vermengen, anschließend vorsichtig den Eischnee unterheben, sodass eine
sehr weiche, luftige Masse entsteht.

4 Den Teig auf die vorbereiteten Förmchen verteilen und im Backofen etwa 30 Minuten backen, bis
die Soufflés hochgehen. Den Ofen nicht öffnen, bis
die Soufflés schön goldbraun gefärbt und damit
fertig sind. Herausnehmen und 2 Minuten abkühlen
lassen, dann auf die Teller stürzen.

Mit den gebratenen Pfifferlingen und fein geschnit-
tenen Lauchzwiebeln nach Geschmack servieren.

FÜR DIE PFIFFERLINGE

400 g Pfifferlinge, trocken gebürstet
1 EL Rapsöl
2 Schalotten, gewürfelt
1 Knoblauchzehe, gewürfelt
4 EL Butter
2 Zweige Thymian, gehackt
2 Zweige Rosmarin, gehackt
½ Bund Petersilie, gehackt
Salz und frisch gemahlener
Pfeffer nach Geschmack

· ·

1 Die Pfifferlinge in einer Pfanne mit Rapsöl kräftig
braten, bis das Wasser der Pilze wegreduziert ist.

2 Anschließend Schalottenwürfel, Knoblauch,
Butter und die Kräuter hinzufügen und weitere
4 Minuten bei mittlerer Hitze braten. Mit Salz und
Pfeffer abschmecken.

SCHONKOST
Zu Pfifferlingen, auch Reherl
genannt, ist das Speckknödel-
Soufflé genau das Richtige.
Und die echten Rehlein bleiben verschont. Schmeckt
übrigens auch vegeta-
risch ohne Speck.

EIN REHERL IM WALD

SCHWARZBROTKNÖDEL-SOUFFLÉ
MIT PFIFFERLINGEN

DUCK & DUMPLING

BRIOCHEKNÖDEL MIT ENTENKOMPOTT

EIN HERRLICH LOCKERER
KNÖDEL MIT VANILLE- UND
ZIMTAROMEN TRIFFT AUF
DIE BAYRISCHE ANTWORT AUF
PULLED MEAT – A RUNDE SACH!

FÜR DAS ENTENKOMPOTT

4 Entenkeulen
Salz und frisch gemahlener
schwarzer Pfeffer nach Geschmack
oder Michael's Wildsalz
2 EL Butterschmalz
2 Zwiebeln, grob gewürfelt
⅛ Knollensellerie, grob gewürfelt
1 Karotte, grob gewürfelt
50 ml Portwein
200 ml Rotwein
400 ml Geflügelbrühe
1 Zweig Thymian, 1 Zweig Rosmarin,
1 TL Wacholderbeeren, 4 Lorbeerblätter
2 EL Zwetschgenmarmelade

Bräter mit Deckel

1 Die Entenkeulen mit Salz und Pfeffer würzen.
Den Backofen auf 140 °C Umluft vorheizen.
2 EL Butterschmalz in einem Bräter erhitzen
und die Keulen von allen Seiten scharf anbraten,
dann herausnehmen. Nun Zwiebeln, Sellerie
und Karotten im Enten-Bratfett anbraten und
anschließend mit Portwein, Rotwein und der
Geflügelbrühe aufgießen.

2 Das Fleisch zusammen mit Thymian, Rosmarin,
den Wacholderbeeren und den Lorbeerblättern
in den Sud legen, den Bräter abdecken und die
Entenkeulen im Ofen in 1 ½–2 Stunden sehr weich
schmoren.

3 Das Entenfleisch nach dem Braten häuten, von
den Knochen lösen, in kleine Stücke zupfen und
beiseitestellen. Den Fond durch ein feines Sieb in
einen Topf passieren und anschließend so lange mit
der Marmelade einkochen, bis er bindet, also andickt. Nun das Entenfleisch dazugeben und alles
nochmals kurz aufkochen.

FÜR DIE KNÖDEL

1 Schalotte, gewürfelt
120 ml Milch
1 Prise Zimt
¼ Tonkabohne, gerieben
Salz und frisch gemahlener
schwarzer Pfeffer nach Geschmack
oder Michael's Wildgewürz
300 g Brioche (selbst gebacken oder
alternativ 1 Milchbrötchen), gewürfelt
3 Eier
1 EL gehackte Petersilie

1 Die Schalotte in Butter glasig anschwitzen, dann
mit der Milch aufgießen, Zimt, Tonkabohnenabrieb,
Salz und Pfeffer dazugeben und alles auf 90 °C
erhitzen.

2 Die Briochewürfel in einer Schüssel mit der
heißen Milch übergießen und abgedeckt 25 Minuten
ziehen lassen. Anschließend mit den Eiern und der
Petersilie zu einer gut bindenden Masse verkneten.

3 Aus dem Knödelteig mit angefeuchteten Händen
8–10 Knödel drehen. Diese in reichlich kochendem
Salzwasser 15 Minuten sanft wallend gar ziehen
lassen.

HANDGEZUPFT
WITH LOVE

JENSEITS DES
WEIß
WURST
ÄQUATORS

KNÖDEL VON WELT

EIN AGGREGATSZUSTAND, ZWEI
KONTINENTE: IN ÖSTERREICH
ZERHACKT MAN GERÄUCHERTES
ZU AUFSTRICH, IN PERU FISCH
ZU SALAT – UNS SCHMECKT
BEIDES ZU ZERHACKTEN UND
GERÖSTETEN KNÖDELN!

ANDEN-VERHACKERTS AUF KNÖDELTATAR

LACHSFORELLEN-CEVICHE MIT PUMPERNICKELKNÖDEL-TATAR

FÜR DAS KNÖDELTATAR

150 ml Milch
Salz und frisch gemahlener
schwarzer Pfeffer nach Geschmack
150 g Pumpernickel, zerbröselt
150 g Brötchen vom Vortag, gewürfelt
3 Eigelb, 3 Eiweiß, steif geschlagen
2 EL Rapsöl
40 ml Olivenöl, 50 ml Zitronensaft,
1 EL Schnittlauchröllchen

Etwas Crème fraîche und Kerbel zum Servieren

1 Die Milch mit Salz und Pfeffer auf 90 °C erhitzen.
Pumpernickel und Brötchen in einer großen
Schüssel mit der Milch überbrühen und abgedeckt
20 Minuten ziehen lassen.

2 Das Eigelb mit den Brotwürfeln vermengen,
anschließend das geschlagene Eiweiß unterheben.
Einen Serviettenknödel aus der sehr weichen Masse
formen (→ S. 11) und in reichlich siedendem
Salzwasser bei mittlerer Hitze 45 Minuten garen.
Den fertigen Knödel mindestens 2 Stunden in der
Folie kühl stellen.

3 Für die gerösteten Knödel die Knödelrolle auspacken, in kleine Würfel schneiden und in einer
Pfanne mit Rapsöl knusprig anrösten, dann etwas
abkühlen lassen.

4 In der Zwischenzeit aus Olivenöl, Zitronensaft,
Schnittlauch, Salz und Pfeffer ein Dressing mischen
und mit den lauwarmen Knödelwürfeln mischen.

FÜR DIE CEVICHE

400 g ganz frisches Lachsforellenfilet,
entgrätet und ohne Haut
100 ml Limettensaft, frisch gepresst
1 EL Koriandergrün, gehackt
1 Chilischote, gehackt
3 Prisen Salz
1 TL Zucker

1 Für die Ceviche die Lachsforelle in Würfel schneiden und in eine Schüssel geben. Mit Limettensaft
übergießen und mindestens 30 Minuten im Kühlschrank ziehen lassen. Durch das Marinieren mit
der Säure verändert sich das Eiweiß, es kommt zur
»Denaturierung« – der Fisch wird kalt gegart.

2 Die Ceviche mit Koriander, Chili, Salz und Zucker
abschmecken und 15 Minuten ziehen lassen.

Die Ceviche auf Teller portionieren, mit dem Knödelsalat bestreuen und mit etwas Crème fraîche und
Kerbel servieren.

MONTANER MELTING POT

PASTA DI CANEDERLI

SEMMELKNÖDEL-RAVIOLI MIT PARMESANSCHAUM

FÜR DIE KNÖDELRAVIOLI

200 g Mehl, 50 g Hartweizengrieß
3 Eigelb und 1 Ei, 1 Prise Salz
1 Zwiebel, fein gewürfelt
1 Knoblauchzehe, fein gewürfelt
20 g Butter
2 Zweige Rosmarin, gehackt
2 Zweige Thymian, gehackt
200 ml Milch
10 Toastscheiben
3 Eigelb und 3 Eiweiß, geschlagen
Salz und frisch gemahlener
schwarzer Pfeffer nach Geschmack
1 Prise Muskat, gerieben

1–2 Eiweiß zum Verschließen der Ravioli
etwas Salz und Öl für das Nudelwasser
etwas Butter zum Schwenken

. . . .

1 Für den Pastateig Mehl und Grieß in eine Schüssel sieben und eine Vertiefung in die Mitte drücken. Die Eigelbe, das Ei und 1 Prise Salz in die Mulde geben und alles geduldig zu einem geschmeidigen Teig kneten. Diesen in Frischhaltefolie wickeln und 30 Minuten kühl ruhen lassen.

2 Zwiebel- und Knoblauchwürfel in Butter glasig anschwitzen, dann die gehackten Kräuter und die Milch dazugeben. Alles auf 90 °C erhitzen.

3 Die Toastbrotwürfel in einer Schüssel mit der Milch übergießen und 10 Minuten abgedeckt ziehen lassen. Anschließend zuerst die Eigelbe einarbeiten, dann den Eischnee unterheben. Die weiche Füllung mit Salz, Pfeffer und Muskat abschmecken.

4 Zum Füllen den Nudelteig nochmals gut mit den Händen durchkneten und am besten mit einer Nudelmaschine (Einstellung 5) oder mit dem Nudelholz zu 4 dünnen Teigbahnen von etwa 40 x 12 cm Größe ausrollen.

5 2 Teigbahnen nebeneinander auf eine leicht bemehlte Arbeitsfläche legen und im Abstand von etwa 2 cm je 1 TL Füllung auf den Teig geben. Rund um die Füllung etwas Eiweiß streichen. Die beiden übrigen Teigbahnen darauflegen und den Teig rund um die Füllung fest andrücken. Mit einem Teigrädchen insgesamt etwa 30 Ravioli von 5 cm Seitenlänge ausschneiden.

6 Die Ravioli portionsweise in siedendem Salzwasser mit etwas Öl etwa 8 Minuten gar ziehen lassen. Mit einer Schaumkelle aus dem Wasser heben. Vor dem Servieren in einer Pfanne mit Butter schwenken und mit Parmesanschaum servieren.

FÜR DEN PARMESANSCHAUM

1 Schalotte, fein gewürfelt
1 Knoblauchzehe, fein gehackt
20 g Butter
100 ml Weißwein, 100 ml Apfelsaft
200 ml Sahne
80 g Parmesan, gerieben
Salz und frisch gemahlener
schwarzer Pfeffer nach Geschmack

. . . .

1 Schalottenwürfel und Knoblauch in Butter anschwitzen, mit Weißwein und Apfelsaft ablöschen. Die Flüssigkeit im offenen Topf auf die Hälfte einkochen. Dann die Sahne dazugießen und nochmals auf die Hälfte einkochen. Den Parmesan in die nicht mehr kochende Flüssigkeit einrühren und die Sauce mit Salz und Pfeffer abschmecken.

TARNTEIGTASCHE FÜR SEMMELKNÖDELSÜCHTIGE ITALIENER!

FÜR DEN SERVIETTENKNÖDEL

100 g Süßkartoffel, sehr klein gewürfelt
30 ml Rapsöl
400 g Kartoffeln, geschält und frisch gekocht
1 Ei, 120 g Mehl, 1 TL Stärke
Salz und frisch gemahlener
schwarzer Pfeffer nach Geschmack
1 Prise Muskat, gerieben

1 Den Backofen auf 125 °C Umluft vorheizen. Die Süßkartoffelwürfel in einer Pfanne mit Rapsöl bei mittlerer Hitze 5 Minuten anbraten. Die gekochten Kartoffeln 15 Minuten im Backofen trocknen, anschließend noch heiß durch eine Kartoffelpresse pressen.

2 Den Kartoffelschnee mit den Süßkartoffelwürfeln, Ei, Mehl, Stärke, Salz, Pfeffer und etwas Muskat zu einem gut bindenden Teig mischen.

3 Einen Serviettenknödel formen (→ S. 11) und diesen in reichlich siedendem Salzwasser bei mittlerer Hitze 45 Minuten garen. Anschließend in der Folie mindestens 2 Stunden im Kühlschrank auskühlen lassen.

FÜR DEN BLAUKRAUTSALAT

½ Blaukrautkopf, geputzt und in feine Streifen geschnitten
Salz, frisch gemahlener schwarzer Pfeffer
und Zucker nach Geschmack
60 ml Apfelessig
80 ml Rapsöl

1 Das Blaukraut in einer großen Schüssel mit Salz, Pfeffer, Zucker, Essig und Öl kräftig durchkneten und mindestens 30 Minuten ziehen lassen. Vor dem Servieren nochmals abschmecken.

FÜR DEN BURGER

600 g Rinderfilet
Salz und frisch gemahlener
schwarzer Pfeffer nach Geschmack
2 EL Rapsöl
200 g Crème fraîche
1 EL Schnittlauch, in feine Ringe geschnitten
1 EL Basilikum, gehackt
1 Chilischote, gehackt
Abrieb von 1 Zitrone
16 Blätter Babyspinat, gewaschen

1 Den Backofen auf 85 °C Umluft vorheizen. Das Rinderfilet vor dem Braten mit Salz und Pfeffer würzen und von allen Seiten kräftig in einer Pfanne mit Rapsöl anbraten. Anschließend im Backofen auf dem Rost in etwa 50 Minuten bis zu einer Kerntemperatur von 54 °C garen. Vor dem Schneiden noch 5 Minuten außerhalb des Ofens ruhen lassen.

2 Für die Kräutercreme die Crème fraîche mit den Kräutern, Salz, Pfeffer, Chili und Zitronenabrieb glatt rühren.

3 Für den Burger die Knödelrolle auspacken, in Scheiben schneiden und in einer Pfanne mit Rapsöl pro Seite 2 Minuten goldbraun braten. Aus den Knödelscheiben, Rinderfilet, Kräutercreme und Spinatblättern einen Burger schichten. Den Blaukrautsalat dazu reichen.

THINK BIG – EAT A KNÖDEL!

DOUBLE-POTATOE-WHOPPER

SÜSSKARTOFFELKNÖDEL-BURGER MIT RINDERFILET,
KRÄUTERCREME UND BLAUKRAUTSALAT

TIROLER SHISHKEBAB

KASPRESSKNÖDEL-SPIESSCHEN
MIT TOMATEN-MINZ-SALAT

FÜR DIE KNÖDELSPIESSCHEN

1 Zwiebel, gewürfelt
2 EL Butter
250 ml Milch
Salz und frisch gemahlener
schwarzer Pfeffer nach Geschmack
1 Prise Muskat, gerieben
Kümmel, ganz
400 g Knödelbrot, gewürfelt
4 Eier
2 EL Mehl
300 g älterer Bergkäse, grob gerieben
3 EL Rapsöl

16 Schaschlikspieße, gewässert

1 Die Zwiebel in Butter glasig anschwitzen, dann mit der Milch aufgießen. Salz, Pfeffer, Muskat und Kümmel hinzugeben und alles auf 90 °C erhitzen.

2 Die Knödelbrotwürfel in einer Schüssel mit der heißen Milch übergießen und abgedeckt 25 Minuten ziehen lassen. Anschließend mit den Eiern, Mehl und Bergkäse zu einer gut bindenden Masse vermischen. Nicht kneten! 16 längliche Rechtecke formen und jeweils auf einen Schaschlikspieß aufspießen.

3 Die Spieße für 12 Minuten bei 100 °C im Ofen oder in einem Topf mit Dämpfeinsatz dämpfen (→ S. 10). Auskühlen lassen. Zum Servieren mit Öl einpinseln und auf dem Holzkohlegrill grillen. Bei schlechtem Wetter geht's natürlich auch in der Pfanne. Dazu den erfrischenden Minzsalat reichen.

FÜR DEN TOMATEN-MINZ-SALAT

20 Datteltomaten
1 EL Schnittlauch, fein geschnitten
¼ Chilischote, fein gehackt
10 Blätter Pfefferminze, fein geschnitten
½ rote Zwiebel, gewürfelt
1 TL frischer Ingwer, gehackt
4 EL mildes Olivenöl
4 EL Himbeeressig
1 Prise Salz
1 TL Zucker

1 Die Tomaten waschen und in Spalten schneiden, dabei die Stielansätze entfernen.

2 Die Tomaten mit Schnittlauchröllchen, gehackter Chili, Minze, Ingwer, Zwiebel, Olivenöl und Himbeeressig in einer Schüssel mischen und mit Salz und Zucker abschmecken.

BRATKNÖDEL
Kaspressknödel werden nicht gekocht, sondern gebraten und schmecken wunderbar deftig als Suppeneinlage oder Salat. Am Spieß mit Minzsalat die leckerste Art des kulturellen Austausches.

EIN ITALIENER IM KNÖDELPELZ

RÖSTZWIEBELGNOCCHI MIT LAMMRAGOUT

FÜR DAS LAMMRAGOUT

1,2 kg Lammhaxe mit Knochen
Salz und frisch gemahlener
schwarzer Pfeffer nach Geschmack
oder Michael's Wildsalz
2 EL Butterschmalz
2 Zwiebeln, grob gewürfelt
1/8 Knollensellerie, grob gewürfelt
1 Karotte, grob gewürfelt
50 ml Portwein
200 ml Rotwein
400 ml Lammfond
1 Zweig Thymian, 1 Zweig Rosmarin
½ Knoblauch
1 TL Wacholderbeeren, angequetscht
4 Lorbeerblätter

Bräter mit Deckel

1 Die Lammhaxen vor dem Braten mit Salz und Pfeffer würzen. Den Backofen auf 140 °C Umluft vorheizen. 2 EL Butterschmalz in einem Bräter erhitzen und die Haxen von allen Seiten scharf anbraten, dann herausnehmen.

2 Die Zwiebeln, den Sellerie und die Karotte kräftig im Bräter anbraten, dann mit Portwein, Rotwein und der Brühe aufgießen. Das Fleisch zusammen mit Thymian, Rosmarin, Knoblauch, den angequetschten Wacholderbeeren und den Lorbeerblättern in den Sud legen, den Bräter abdecken und die Lammhaxen im Ofen 1 ½–2 Stunden schmoren, bis sie sehr weich ist.

3 Die fertige Haxe aus dem Bräter nehmen, das Fleisch von den Knochen lösen und in kleine Stücke zupfen. Den Fond durch ein feines Sieb in einen Topf passieren und anschließend so lange einkochen, bis er andickt. Zum Schluss das Fleisch in die Sauce geben und alles nochmals kurz aufkochen.

FÜR DIE RÖSTZWIEBELGNOCCHI

400 g rohe Kartoffeln, geschält
200 g Mehl
80 g Röstzwiebeln (gekauft
oder selbst gemacht), fein gehackt
Salz und frisch gemahlener
schwarzer Pfeffer nach Geschmack
1 Prise Muskat, gerieben
1 Ei

Kartoffelstärke zum Arbeiten

1 Die Kartoffeln kochen, abgießen und 10 Minuten bei 130 °C Umluft im Backofen ausdämpfen lassen, damit sie noch etwas Flüssigkeit verlieren. Anschließend durch eine Kartoffelpresse in eine große Schüssel pressen.

2 Den noch warmen Kartoffelschnee mit Mehl, Röstzwiebeln, 2 Prisen Salz, 1 Prise Pfeffer, Muskat und dem Ei zu einen Teig kneten. Anschließend nach Geschmack mit Salz und Pfeffer abschmecken.

3 Mit mit Stärke bemehlten Händen kleine Knödel mit 2 cm Durchmesser formen. Diese in reichlich kochendem Salzwasser garen, bis sie oben schwimmen.

In Butter geschwenkt zum Ragout servieren.

ANSICHTSSACHE

Kartoffelknödel oder Gnocchi? Man weiß es nicht. Aber die als Miniknödel verkleideten Italiener schmecken köstlich und liegen sicher nicht wie Steine im Magen des bösen Wolfs.

DIE MUTTER ALLER CROSSOVER-KNÖDEL: VITELLO TONNATO IST TYPISCH ITALIENISCH, ABER DIE IDEE FÜR DIE GEBRATENEN FLEISCHKLÖSSCHEN STAMMT VOM SPANISCHEN KNÖDEL-KLASSIKER, DEN ALBONDIGAS.

KNÖDEL TONNATO

KALBSFLEISCHKNÖDEL MIT THUNFISCHSAUCE

FÜR DIE KALBSFLEISCHKNÖDEL

2 Schalotten, gewürfelt
1 Knoblauchzehe, gerieben
1 TL Petersilie, fein gehackt
1 EL Butter
100 ml Milch
4 Scheiben Toastbrot, gewürfelt
400 g Kalbshackfleisch
2 Eier
2 EL Kapern, gehackt
1 EL Sardellenfilets, gehackt
3 Prisen Salz
10 g frisch gemahlener
schwarzer Pfeffer nach Geschmack
4 EL Rapsöl

1 Für die Knödel Schalotten, Knoblauch und Petersilie in einer Pfanne mit Butter anschwitzen, dann mit der Milch aufgießen und alles auf 90 °C erhitzen.

2 Die Toastbrotwürfel in einer Schüssel mit der Milch übergießen und abgedeckt 5 Minuten ziehen lassen. Das eingeweichte Brot anschließend mit Hackfleisch, Eiern, Kapern, Sardellen, Salz und Pfeffer zu einer gut bindenden Masse verkneten.

3 Mit angefeuchteten Händen 16 kleine Knödel formen. Die Knödel in einer Pfanne mit Rapsöl bei mittlerer Hitze in 8 Minuten durchbraten. Vollständig abkühlen lassen.

FÜR DIE THUNFISCHSAUCE

200 g Thunfisch aus der Dose im Saft
150 g Crème fraîche
1 Knoblauchzehe, gerieben
1 EL Ingwer, gerieben
½ Chilischote, gehackt
Saft und Abrieb von 1 Limette
Saft und Abrieb von 1 Zitrone
3 Prisen Salz, 1 Prise Zucker
1 l Pflanzenöl zum Frittieren

4 TL eingelegte Kapern zum Servieren

1 Für die Soße den Thunfisch mit dem Stabmixer fein pürieren. Die Crème fraîche, Knoblauch, Ingwer, Chili, Limettensaft, Limettenabrieb, Zitronensaft und Zitronenabrieb hinzugeben und mit Salz und Zucker abschmecken.

2 Für die knusprigen Kapernblüten das Frittieröl in einem kleinen Topf oder der Fritteuse auf 180 °C erhitzen. Das Fett hat die richtige Temperatur, wenn an einem hineingehaltenen Holzkochlöffel Bläschen aufsteigen. Die Kapern auf einem Küchenkrepp gut trocken tupfen und anschließend so lange frittieren, bis sie aufspringen. Zum Abtropfen auf Küchenrolle ausbreiten.

3 Die kalten Knödel mit Thunfischsauce übergießen und am besten 2 Stunden gekühlt ziehen lassen.

Zum Servieren mit den frittierten Kapernblüten bestreuen.

SCHICHTARBEIT

BREZENKNÖDEL-LASAGNE IM GLAS

FÜR DIE SCHWARZBIERMAYONNAISE

3 ganz frische Eigelbe
1 TL Senf, mittelscharf
50 ml dunkles Bier
Saft und Abrieb von 1 Zitrone
Salz und frisch gemahlener
schwarzer Pfeffer nach Geschmack
1 Prise Kümmel, gemahlen
200 ml Rapsöl

1 Für die Mayonnaise Eigelb, Senf, Bier, Zitronen-saft, Zitronenabrieb, Salz, Pfeffer und Kümmel in einem Messbecher mit dem Stabmixer glatt mixen.

2 Anschließend unter ständigem Mixen tropfen-weise das Rapsöl dazugeben, bis das gesamte Öl eingearbeitet ist und eine cremige Mayonnaise entstanden ist.

VERFEINERN

Dadurch dass die rohe Knödel-masse mit der Füllung im Glas gegart wird, wird auch der Teig wunderbar aromatisch und saftig. Die Bier-Senf-Mayo in kleinen Schälchen als Dip zum Schichtknödel servieren. Revolutionär lecker!

FÜR DIE LASAGNE

2 Schalotten, gewürfelt
1 Knoblauchzehe, gewürfelt
1 TL Petersilie, gehackt
1 Zweig Thymian, gehackt
1 Zweig Rosmarin, gehackt
1 EL Butter, 120 ml Sahne
Salz und frisch gemahlener
schwarzer Pfeffer nach Geschmack
1 Prise Muskat, gerieben
150 g Brezen, in dünne Scheiben geschnitten
und in der Pfanne geröstet
80 g Champignons, in dünne
Scheiben geschnitten
80 g Parmesan, gerieben

8 Weckgläser à 80 ml

1 Die Schalottenwürfel und den Knoblauch mit den Kräutern bei mittlerer Hitze in Butter glasig anschwitzen, dann mit der Sahne aufgießen und mit Salz, Pfeffer und Muskat würzen. Alles auf 90 °C erhitzen.

2 Den Backofen auf 185 °C Umluft vorheizen. In jedes Weckglas bis knapp unter den Rand immer abwechselnd eine dünne Schicht Brezenscheiben, 1 TL Sahnesoße, eine Schicht Champignons und 1 Prise Parmesan schichten. Mit einer Parmesan-schicht abschließen.

3 Die Knödel im Glas in ein tiefes Blech mit lau-warmem Wasser stellen, sodass die Gläschen zu $1/3$ im Wasser stehen. Im heißen Ofen 15–20 Minu-ten auf der mittleren Schiene backen.

TIPP: Sehr große Champignons mit einem runden Ausstecher zu natürlichen Lasagneplatten aus-stechen!

FÜR DAS CHUTNEY

40 g Zucker
80 g Ananas, grob gewürfelt
80 g Mango, grob gewürfelt
100 ml Maracujasaft
50 ml Zitronensaft
1 TL frischer Ingwer, gehackt
1 EL Currypulver
1 TL rote Currypaste

1 Für das Chutney Zucker, Ananas, Mango, Maracujasaft, Zitronensaft, Ingwer, Currypulver und Currypaste in einen Topf geben und bei mittlerer Hitze so lange einkochen, bis die Flüssigkeit verdampft ist.
Das Chutney schmeckt auch kalt und hält im Kühlschrank bis zu 30 Tage.

FARCE
Die Masse für diese Knödel ist eine Farce, ein mit Eiweiß gebundener Fleischteig – und damit ein Wesensverwandter des diesseits des Weißwurst-äquators innigst geliebten Leberkäses.

FÜR DIE KNÖDEL

300 g Hähnchenfilets
2 Prisen Salz
150 ml Kokosmilch
1 Zweig Thymian, 1 Zweig Rosmarin
1 Scheibe frischer Ingwer
1 TL Koriandersaat
1 Chilischote
1 Ei
1 TL Koriandergrün, fein gehackt
1 Chilischote, gehackt
Frisch gemahlener
schwarzer Pfeffer nach Geschmack

4 lange Zitronengrasstängel zum Servieren

1 Die Hähnchenfilets in etwa 1 cm kleine Würfel schneiden und mit 2 Prisen Salz würzen. Das Fleisch sowie ein Gefäß mit der Kokosmilch für 10 Minuten im Gefrierfach anfrieren. In der Zwischenzeit das mit Thymian, Rosmarin, Ingwer, Koriandersaat und der Chilischote gewürzte Salzwasser zum Kochen aufsetzen.

2 Das Hähnchen mit der Hälfte der Kokosmilch mit der Küchenmaschine oder dem Pürierstab für 20 Sekunden mixen. Anschließend die restliche Kokosmilch und das Ei hinzugeben und zügig zu einer glatten Farce fertig mixen. Den Koriander und den Chili untermischen und die »Hendlkas«-Masse mit Salz und Pfeffer abschmecken.

3 Mit feuchten Händen 12 etwa 5 cm große Knödel drehen und im kochenden Gewürzwasser 10 Minuten sanft wallend garziehen lassen.

4 Zum Servieren jeweils 3 Knödel auf einen Zitronengrasstängel spießen und mit Koriandergrün bestreut auf etwas Chutney servieren.

ASIAN HENDLKASKNÖDEL

KNÖDEL VOM HÄHNCHENFILET
MIT THAI-CURRY-CHUTNEY

KNÖDEL
TAPAS
& CO.

MINIKNÖDEL

DIESE KNÖDEL AUS »OBAZDEM« FRISCHKÄSE SIND MEISTER DER TÄUSCHUNG: CREMIG WIE OBAZDA SCHMECKEN SIE NACH TRÜFFEL, OHNE ECHTE TRÜFFEL ZU SEIN, SEHEN ABER SO AUS. HOST MI?

ECHT FALSCHE TRÜFFEL

FRISCHKÄSE-TRÜFFEL-KNÖDEL IM PUMPERNICKELMANTEL

FÜR 16 MINIKNÖDEL

400 g fester Frischkäse (Doppelrahmstufe)
1 EL Schnittlauch, fein geschnitten
Abrieb von 1 Zitrone
½ TL Trüffelöl oder 30 g schwarzer Trüffel, fein
gerieben
Salz und frisch gemahlener
schwarzer Pfeffer nach Geschmack
oder Michael's Fleischsalz
180 g Pumpernickel, fein zerbröselt
2 EL Butter

1 Den Frischkäse in einer kleinen Schüssel mit Schnittlauch, Zitronenabrieb, Trüffelöl oder frischen Trüffeln und den Gewürzen vermischen und zu etwa 16 kleinen Käseknödeln à 2–3 cm formen. Dazu am besten mit angefeuchteten und gekühlten Händen arbeiten.

2 Die Frischkäseknödel auf einem mit Backpapier ausgelegten Teller oder Blech für 15 Minuten im Gefrierfach anfrosten, denn sie sind vom Formen sehr weich und würden schnell die Form verlieren.

3 In der Zwischenzeit den Pumpernickel fein bröseln und in einer Pfanne mit Butter knusprig braten. Zum Auskühlen dünn auf einigen Blättern Küchenrolle ausbreiten.

4 Die Frischkäseknödel direkt vor dem Servieren in den Bröseln wälzen.

TIPP: Sie schmecken sowohl als Brotaufstrich als auch pur: Mit einem Happs sind sie im Mund.

AUSGEFUCHSTE BAZIS

BOLA DE SALMÓN

LACHSKNÖDEL MIT PAPRIKAMARMELADE

FÜR DIE PAPRIKAMARMELADE

100 g Zucker
2 rote Paprikaschoten, klein gewürfelt
1 Chilischote, gehackt, Saft von 4 Zitronen

1 Für den Karamell den Zucker in einer Pfanne bei mittlerer Hitze zum Schmelzen bringen. Sobald der Zucker sich verflüssigt, rühren, bis ein heller, goldfarbener Karamell entstanden ist.

2 Paprika und Chili in den Karamell geben und mit Zitronensaft ablöschen. Die Mischung so lange köcheln lassen, bis sich alle Karamellstücke wieder gelöst haben und die Marmelade bindet.

FÜR DIE KORIANDERBRÖSEL

2 Scheiben Toast, sehr hart getrocknet
3 EL Koriandersaat, Abrieb von 1 Zitrone
½ TL Lavendelblüten, getrocknet

1 Den getrockneten Toast in möglichst kleine Stücke brechen. Alle Zutaten in der Küchenmaschine oder mit dem Pürierstab zu Bröseln mixen.

ANRICHTEN
Die Lachsknödel in den Korianderbröseln wälzen und auf der Paprikamarmelade servieren.

FÜR DIE LACHSKNÖDEL

800 g Lachsfilet, ohne Haut und Gräten
Salz
400 ml Sahne
1 Zweig Thymian
1 Zweig Rosmarin
1 Scheibe frischer Ingwer
1 TL Koriandersaat
1 Chilischote
2 Eier
1 TL gehacktes Koriandergrün
1 TL frischer Ingwer, gerieben
Frisch gemahlener
schwarzer Pfeffer nach Geschmack

1 Das Lachsfilet in Würfel schneiden und mit 2–3 Prisen Salz würzen. Den Fisch sowie ein Gefäß mit der Sahne 10 Minuten im Gefrierfach anfrosten. In der Zwischenzeit das mit Salz, Thymian, Rosmarin, Ingwer, Koriandersaat und der Chilischote gewürzte Kochwasser aufsetzen.

2 Den Lachs und die Hälfte der Sahne mit der Küchenmaschine oder dem Pürierstab 20 Sekunden mixen. Anschließend die restliche Sahne und die Eier hinzugeben und zügig zu einer glatten Farce mixen. Koriandergrün und Ingwer untermischen und die Lachsmasse mit Salz und Pfeffer abschmecken.

3 Mit angefeuchteten Händen 25 Knödel drehen und im leise kochenden Würzwasser in 15 Minuten sanft wallend gar ziehen lassen.

LEBERKNÖDEL POBLANO

GÄNSELEBERKNÖDEL MIT SCHOKOLADE

FÜR DIE GÄNSELEBERKNÖDEL

400 g Gänseleber, roh
100 g Milchbrötchen, getrocknet
20 g Zartbitterschokolade, fein geraspelt
20 g Kakaopulver
Salz und frisch gemahlener
schwarzer Pfeffer nach Geschmack
oder Michael's Wildsalz
80 g Zucker
200 g Wildpreiselbeeren
50 ml Rotwein
50 ml Johannisbeersaft
10 ml Balsamico

1 Die Gänseleber in 12 gleich große Stücke schneiden und daraus 12 Kugeln drehen.

2 Das Milchbrötchen fein reiben und ohne Fett in der Pfanne rösten. Auskühlen lassen und anschließend die fein geraspelte Schokolade, Kakaopulver, Salz und Pfeffer oder das Wildsalz untermischen.

3 Die Gänseleberkugeln in den Bröseln panieren.

TiPP: Ja, richtig gelesen, die Leberknödel bleiben roh. Deshalb unbedingt kühl lagern und ganz frisch genießen.

4 Für die Preiselbeersauce aus dem Zucker einen Karamell herstellen, die Wildpreiselbeeren hinzugeben und mit dem Rotwein, Johannisbeersaft und Balsamico ablöschen und zu einer Marmelade einkochen. Abkühlen lassen. Hält im Küh.schrank etwa 2 Tage.

Die Minileberknödel mit den selbstgemachten Preiselbeeren zum Dippen servieren.

GUERiLLA GANSLKNÖDEL

SCHOKOLADE?!

Mole poblano ist eine pikante mexikanische Schokosauce, die zu Pute gereicht wird. So kam es zu der Idee mit den Gänseleber-Schokoladen-Knödeln. Schmecken mit und ohne Tequila.

GRÖSTE KNÖDEL À L'ITALIA

GEBRATENE FOCACCIAKNÖDEL MIT PIKANTER SALSA

FÜR DIE FOCACCIAKNÖDEL

100 ml Milch
2 EL getrocknete Tomaten, fein gehackt
2 EL schwarze Oliven, gehackt
Salz und frisch gemahlener
schwarzer Pfeffer nach Geschmack
1 Prise Muskat, gerieben
200 g Focaccia, gewürfelt
3 Eigelb
2 EL Basilikum, gehackt
3 Eiweiß, steif geschlagen
2 EL Olivenöl

1 Die Milch mit den getrockneten Tomaten, den Oliven, Salz, Pfeffer und Muskat auf 90 °C erhitzen. Die gewürfelte Focaccia in einer Schüssel mit der heißen Milch übergießen und abgedeckt 20 Minuten ziehen lassen.

2 Das eingeweichte Brot mit Eigelb und Basilikum verkneten. Dann vorsichtig das Eiweiß unterheben. Die Serviettenknödelmasse soll sehr weich und luftig sein.

3 Einen Serviettenknödel mit 4 cm Durchmesser formen (→ S. 11) und in reichlich siedendem Salzwasser bei mittlerer Hitze 25 Minuten garen. Anschließend mindestens 2 Stunden in der Folie kühl stellen.

4 Zum Servieren auspacken, in Scheiben oder größere Würfel schneiden und in einer Pfanne mit Olivenöl bei mittlerer Hitze knusprig braten.

FÜR DIE SALSA

5 Kirschtomaten, geviertelt
½ rote Paprika, gewürfelt
2 Chilischoten, gehackt
1 EL frischer Ingwer, gehackt
80 ml Apfelessig
80 g Zucker
Saft von 1 Zitrone
100 ml Orangensaft

1 Tomaten, Paprika, Chili, Ingwer, Essig, Zucker, Zitronensaft und Orangensaft in einem Topf ohne Deckel so lange kochen, bis keine Flüssigkeit mehr vorhanden ist.

Zum Servieren jeden Knödelwürfel mit etwas Salsa garnieren oder einfach in einem Schälchen zum Dippen dazu reichen.

EXTRATIPP

»Nach der Party ist vor der Party«: Übriges Focaccia oder auch Ciabatta lassen sich wunderbar zum Snack für die Afterparty umwandeln. Mit kleinen Spießchen und pikanter Salsa servieren.

NEIN, DAS IST KEIN
GRÜNER BABY-
MOZZARELLA. DAS
SIND PESTOKNÖDEL
MIT PINIENKERNEN,
DIE SICH AUFS
ITALIENISCHE
VORSPEISENBUFFET
GESCHLICHEN
HABEN.

KNÖDEL UNDERCOVER

PESTOKNÖDEL MIT ANTIPASTITATAR

FÜR DIE PESTOKNÖDEL

200 g Toastbrot, gewürfelt
2 EL Butter
1 Schalotte, fein gewürfelt
4 EL Pinienkerne, grob gehackt
120 ml Milch
Salz und frisch gemahlener
schwarzer Pfeffer nach Geschmack
1 Prise Muskat, gerieben
2 Eier
80 g Parmesan
½ Bund Basilikum, gehackt

1 Das Toastbrot in einer Pfanne mit Butter knusprig anrösten, die Schalottenwürfel und die Pinienkerne hinzugeben und goldbraun mit anbraten. Etwas abkühlen lassen.

2 Die Milch mit Salz, Pfeffer und Muskat auf 90 °C erhitzen, anschließend in einer Schüssel über das geröstete Toastbrot gießen und für 20 Minuten abgedeckt ziehen lassen.

3 Das eingeweichte Brot mit den Eiern, Parmesan und Basilikum zu einer gut bindenden Masse mischen. Nicht kneten! Mit angefeuchteten Händen etwa 20 kleine Knödel à 2–3 cm formen. Diese 10 Minuten in reichlich kochendem Salzwasser sanft wallend gar ziehen lassen.

Heiß mit Antipastitatar servieren.

FÜR DAS ANTIPASTITATAR

1 rote Paprika, gewürfelt
1 Zucchini, gewürfelt
1 Aubergine, gewürfelt
4 EL Balsamico
6 EL Olivenöl
Salz, frisch gemahlener
schwarzer Pfeffer und Zucker
nach Geschmack
1 Knoblauchzehe, fein gerieben

1 Backblech, mit Olivenöl bepinselt

1 Den Backofen auf 220 °C Umluft vorheizen und das Gemüse vorbereiten. Die Gemüsewürfel auf einem gefetteten Blech 10 Minuten auf mittlerer Schiene im Ofen braten.

2 Anschließend das noch warme Gemüse mit Balsamico, Olivenöl, Salz, Pfeffer, Zucker und Knoblauch abschmecken und ziehen lassen.

Schmeckt am besten lauwarm. Vor dem Servieren unbedingt aus der Kühlung nehmen und auf Zimmertemperatur kommen lassen.

GLÜCKSKLÖßCHEN

REISKNÖDEL MIT ASIASALAT

FÜR DEN ASIASALAT

1 Karotte, fein gestiftelt
50 g Kaiserschoten, in feine Streifen geschnitten
100 g Sellerieknolle, fein gestiftelt
80 g Ananas, klein gewürfelt
2 EL Sojasoße
Saft und Abrieb von 2 Limetten
4 EL Olivenöl
1 frische Chilischote, gehackt
1 TL Currypulver
2 Prisen Salz
1 TL Zucker

1 Für den Salat die Karottenstifte, Kaiserschoten, Sellerie und Ananas mit Sojasoße, Limettensaft, Limettenabrieb, Olivenöl und der Chilischote marinieren und mit Curry, Salz und Zucker abschmecken. Mindestens 20 Minuten ziehen lassen und bei Bedarf vor dem Servieren nochmals etwas nachwürzen.

KNÖDELGLÜCK

Nein, es wird kein weiser Spruch mit eingebacken, denn das Glück steckt im Knödel selbst und entfaltet sich beim Essen.

FÜR DIE REISKNÖDEL

400 g sehr weich gekochter Basmatireis
3 Eier
2 EL Mehl
1 Chilischote, gehackt
1 TL Koriandergrün, gehackt
1 TL frischer Ingwer, gehackt
Salz, frisch gemahlener
schwarzer Pfeffer und Zucker
nach Geschmack
1 l Pflanzenfett zum Frittieren
100 g Mehl
2 Eier, verquirlt
100 g Semmelbrösel

1 Den Reis durch einen Fleischwolf lassen oder kräftig durchkneten, sodass eine klebrige Masse entsteht. Mit den Eiern, Mehl, der gehackten Chili, Koriander und Ingwer mischen und den Reisbrei mit Salz, Pfeffer und Zucker abschmecken. Mit feuchten Händen 16 kleine Knödel formen.

2 Die Fritteuse vorheizen beziehungsweise das Fett in einem großen, weiten Topf erhitzen. Es hat die richtige Temperatur, wenn an einem hineingehaltenen Holzkochlöffel Bläschen aufsteigen.

3 Zum Panieren die Reisbällchen zuerst in Mehl wälzen, gut abklopfen, dann durch das Ei ziehen und das überschüssige Ei ablaufen lassen. Zuletzt in den Semmelbröseln wälzen. Die Reisknödel in Portionen für 4 Minuten bei 180 °C frittieren. Zum Abtropfen auf etwas Küchenkrepp geben.

DIE RUNDE REVOLUTION ER-
REICHT DAS HERRSCHAFTS-
GEBIET DER KÄSESTANGE.
DIESE KLÖSSCHEN ROCKEN
SOLO ODER IN FRIEDLICH-
KULINARISCHER KOEXISTENZ.

KÄSEKLÖSSCHEN GENOVESE

PARMESANKNÖDEL MIT BASILIKUMPESTO

FÜR DIE KÄSEKNÖDEL

1 Schalotte, gewürfelt
2 EL Butter, 150 ml Milch
2 Prisen Salz
frisch gemahlener schwarzer
Pfeffer nach Geschmack
1 Prise Kümmel, gemahlen
200 g Focaccia- oder Ciabattabrot, gewürfelt
2 Eier
1 EL Mehl
150 g Parmesan, gerieben
3 EL Rapsöl

Backblech, mit Öl bepinselt

1 Für die Knödel die Schalottenwürfel in einer Pfanne in Butter anschwitzen, dann die Milch dazugießen. Mit Salz, Pfeffer und etwas Kümmel würzen und alles auf 90 °C erhitzen.

2 Die Focacciawürfel in einer Schüssel mit der heißen Milch übergießen und abgedeckt 25 Minuten ziehen lassen. Anschließend mit den Eiern, Mehl und 50 g vom geriebenen Parmesan zu einer gut bindenden Masse vermischen. Nicht kneten!

3 Den Teig zu kleinen Knödeln mit etwa 2 cm Durchmesser formen und anschließend für 14 Minuten bei 100 °C im Ofen oder in einem Topf mit Dämpfeinsatz dämpfen (→ S. 10). Danach etwas abkühlen lassen. Die Parmesanklößchen lassen sich wunderbar vorbereiten!

4 Vor dem Servieren den Ofen rechtzeitig auf 200 °C Umluft vorheizen. Die Knödel auf einem geölten Backblech verteilen, gleichmäßig mit dem restlichen Parmesan bestreuen. 5 Minuten auf der mittleren Schiene überbacken oder, wenn die Knödel noch nicht ganz kalt waren, unter dem Grill gratinieren.

FÜR DAS PESTO

50 g Basilikum, grob zerzupft
25 g Pinienkerne
80 ml Olivenöl
25 g Parmesan, gerieben
1 Prise Salz
frisch gemahlener schwarzer
Pfeffer nach Geschmack

1 Für das Pesto Basilikum, Pinienkerne und Olivenöl in einem hohen Becher mit dem Pürierstab grob mixen. Dann Parmesan, Salz und Pfeffer hinzugeben und nochmals mixen, bis eine feine Paste entsteht.

SEI KEINE DIVA – ISS EINEN KNÖDEL!

GNOCCO AI FUNGHI PORCINI

RISOTTOKNÖDEL MIT GORGONZOLAMAYONNAISE

FÜR DIE MAYONNAISE

3 ganz frische Eigelb
1 TL Senf
30 ml Rotweinessig
Salz und frisch gemahlener
schwarzer Pfeffer nach Geschmack
200 ml Rapsöl
80 g Gorgonzola, zerbröselt

· ·

1 Eigelb, Senf, Rotweinessig, Salz und Pfeffer in einen Messbecher geben und mit dem Stabmixer glatt mixen. Anschließend unter ständigem Mixen tropfenweise das Rapsöl dazugeben, bis eine cremige Mayonnaise entstanden ist. Zuletzt den Gorgonzola untermixen.

FÜR DAS PILZCARPACCIO

100 g frische Steinpilze oder Champignons, in dünne Scheiben geschnitten
4 EL Olivenö., mild
Saft von 1 Zitrone

1 Die Pilze aufgefächert auf 4 Teller verteilen, mit Salz und Pfeffer würzen und mit Olivenöl und Zitronensaft beträufeln. Mindestens 2 Minuten ziehen lassen, dann etwas Mayonnaise darauf geben.

EXTRATIPP

Steinpilzrisotto to go – die Kunst des Knödeldrehens macht's möglich! – Clevere kochen die doppelte Menge und genießen den Überschuss mit geriebenem Parmesan und gebratenem Gemüse sofort.

FÜR DIE RISOTTOKNÖDEL

1 l warme Gemüsebrühe, 1 Schalotte, gewürfelt
1 Knoblauchzehe, fein gehackt
1 TL Rosmarin, gehackt, 1 TL Thymian, gehackt
100 g Butter, 1 TL Olivenöl
300 g Risottoreis
300 ml trockener Weißwein
Salz und frisch gemahlener schwarzer Pfeffer
150 g Parmesan, gerieben
1 l Pflanzenfett zum Frittieren
150 g Mehl, 3 Eier und 150 g Semmelbrösel
zum Panieren

· ·

1 Die Gemüsebrühe warm stellen. Die Schalottenwürfel mit Knoblauch, Rosmarin und Thymian in einem großen Topf mit 50 g Butter und dem Olivenöl bei mittlerer Hitze glasig anschwitzen. Dann den Reis dazugeben und für 2–3 Minuten mitanschwitzen.

2 Den nun leicht glasigen Reis mit dem Weißwein und etwas Brühe ablöschen, sodass er gerade bedeckt ist. Das Risotto unter ständigem Rühren in etwa 15 Minuten bissfest garen, dabei immer wieder etwas Brühe nachgießen. Zwischendurch mit Salz und Pfeffer abschmecken.

3 Wenn der Reis noch leichten Biss hat, den Topf vom Herd nehmen und zum Abbinden den Parmesan und die restliche Butter unterrühren. Das Risotto in ein weites Gefäß abfüllen, damit es schnell ausdampft und nicht nachgart, und abkühlen lassen.

4 Das Fett in der Fritteuse beziehungsweise in einem weiten Topf erhitzen. Es hat die richtige Temperatur, wenn an einem Holzkochlöffel Bläschen aufsteigen. Aus dem Risotto 20 kleine Knödel formen und jeweils in Mehl, verquirltem Ei und Semmelbröseln panieren. In Portionen 5 Minuten bei 180 °C frittieren.

GEDREHT, NICHT GESCHÜTTELT

KRABBENKNÖDEL IM TEIGMANTEL MIT MANGOCREME

FÜR DIE KRABBENKNÖDEL

300 g Garnelen TK, am besten Sea Water,
fein gewürfelt
50 g Karotte, fein gewürfelt
50 g Sellerie, fein gewürfelt
1 EL frischer Ingwer, fein gerieben
1 Chilischote, gehackt
1 TL Koriandersaat
Abrieb von 1 Limette
Salz und frisch gemahlener
schwarzer Pfeffer nach Geschmack
16 Scheiben Wan-Tan-Teig

1 l Pflanzenfett zum Frittieren

1 Für die Knödel die Garnelen, Karotten, Sellerie,
Ingwer, Chili, Koriander, Limettenabrieb, Salz und
Pfeffer vermischen.

2 Je 1 gehäuften TL Füllung in die Mitte jedes
Teigblattes geben. Die Teigränder mit Wasser
bepinseln, über der Füllung zusammendrücken
und kleine Knödel aus den Täschchen formen.

3 Das Fett in einer Fritteuse oder einem weiten
Topf auf 180 °C erhitzen. Die richtige Temperatur
ist erreicht, wenn an einem Holzkochlöffel kleine
Bläschen aufsteigen. Die Knödelpäckchen in Portionen für 3–4 Minuten frittieren. Zum Abtropfen auf
etwas Küchenkrepp geben.

Heiß mit etwas kalter Mangocreme servieren.

FÜR DIE MANGOCREME

200 g Mango, gewürfelt
80 g Zucker
100 ml Limettensaft
1 EL Koriandergrün, fein gehackt

1 Für die Mangocreme Mango, Zucker und
Limettensaft in einem Topf bei mittlerer Hitze zu
einem Kompott einkochen.

2 Das Mangokompott etwas abkühlen lassen und
den gehackten Koriander in die nur noch lauwarme
Creme mischen.

TIPP: Schmeckt kalt am besten, also vor dem
Servieren gut kühlen.

ANRICHTEN
Die Krabbenklößchen im Teigmantel versetzen dem klassischen
Krabbencocktail den Todesstoß.
Stilecht im Martiniglas serviert
erweisen sie dem Vorgänger die
letzte Ehre.

BOLA NEVADA

NACHOKNÖDEL MIT BERGKÄSESAUCE

FÜR DIE KÄSESAUCE

1 Schalotte, fein gewürfelt
1 Knoblauchzehe, fein gehackt
20 g Butter
100 ml Weißwein
100 ml Gemüsebrühe
200 ml Sahne
40 g Emmentaler, gerieben
40 g rasser Bergkäse, gerieben
40 g Gorgonzola, zerbröselt
Salz und frisch gemahlener
schwarzer Pfeffer nach Geschmack

1 Für die Käsesoße die Schalottenwürfel und den Knoblauch in einem Topf in Butter glasig anschwitzen. Dann mit Weißwein und Gemüsebrühe ablöschen und die Sauce durch sprudelndes Kochen ohne Deckel auf die Hälfte reduzieren. Die Sahne dazugießen und nochmals auf die Hälfte einkochen.

2 Die Reduktion durch ein Sieb passieren, anschließend die Käsemischung in der nicht mehr kochenden Flüssigkeit auflösen und die Sauce mit Salz und Pfeffer abschmecken. Vor dem Servieren mit dem Pürierstab schaumig mixen (→ Tipp S. 17).

FÜR DIE NACHOKNÖDEL

150 ml Milch
1 TL Koriander, fein gehackt
1 Chilischote, gehackt
3 Prisen Salz und frisch gemahlenen
Pfeffer nach Geschmack
200 g Nachos, fein zerbröselt
200 g Toastbrot, gewürfelt
2 Eier

3 EL Paprikapulver zum Wälzen der Knödel

1 Milch mit Koriander, Chili, Salz und Pfeffer aufkochen. Die zerbröselten Nachos und die Toastbrotwürfel mischen und mit der heißen Milch überbrühen. Abgedeckt 25 Minuten ziehen lassen.

2 Das eingeweichte Knödelbrot mit den Eiern zu einem gut bindenden Teig vermischen. Nicht kneten! Mit befeuchteten Händen 8 Knödel formen und diese in reichlich kochendem Salzwasser 20 Minuten sanft wallend gar ziehen lassen.

3 Die Knödel abtropfen lassen, mit Paprikapulver bestäuben und mit Sauce und Nachos servieren.

THINK LOCALLY ...

...eat globally: Wenn Nachos und Bergkäse – hell cremig wie der Gipfel des Popocatépetl – in Knödelform fusionieren, nennt man das auch transatlantische Bergküche.

GIB DIR DIE

KUGEL

SÜSSE KNÖDEL

DER TOPFENKNÖDEL MIT
SONDERAUSSTATTUNG
SORGT FÜR LEIDEN-
SCHAFTLICHE EKSTASE.
SÜSSE FRÜCHTCHEN, EIN
SCHUSS RUM UND DANN ...

TOPFENKNÖDEL WITH BENEFITS

PRALINENKNÖDEL MIT RUM-ROSINEN-EIS

FÜR DAS EIS

80 g Rosiner
4 cl Rum
300 ml Milch
100 ml Sahne
100 g Zucker
2 Blatt Gelatine,
in kaltem Wasser eingeweicht

1 Die Rosinen mindestens 2 Stunden im Rum einlegen. Die Milch mit der Sahne, dem Zucker und der Rum-Rosinen-Mischung in einem Topf kurz aufkochen, dann vom Herd nehmen und mit dem Pürierstab fein mixen.

2 Die heiße Rosinenmilch durch ein Sieb passieren, die Gelatine gut ausdrücken und darin auflösen. Die Mischung in der Eismaschine gefrieren lassen. Alternativ in den Gefrierschrank geben und ungefähr alle 20 Minuten kräftig durchrühren, bis das Eis durchgefroren ist.

Einige Minuten vor dem Servieren aus dem Gefrierschrank nehmen. Mit frischen Himbeeren zu den Knödeln servieren.

FÜR DIE KNÖDEL

50 g Mehl
50 g Hartweizengrieß
50 g Butter, weich
250 g Magerquark (unter 10 % Fett)
1 Ei
Abrieb von 1 Orange
100 g Nougat, in 12 Würfel geschnitten
100 g Schokokuchen,
getrocknet und zerbröselt,
alternativ Schokokeksbrösel

150 g Himbeeren zum Servieren

1 Mehl und Grieß mischen und bereitstellen. Die Butter mit dem Magerquark, dem Ei und dem Orangenabrieb auf höchster Stufe mit dem Handmixer schaumig rühren.

2 Die Quarkmasse mit der Grießmischung zu einem gut bindenden, aber nicht zu festen Teig vermischen. 2 Stunden kalt stellen.

3 Aus dem gut gekühlten Topfenknödelteig mit angefeuchteten Händen 5 cm große Knödel formen und mit jeweils einem Nougatwürfel füllen (→ S. 10). Die Knödel in reichlich kochendem Wasser 15 Minuten sanft wallend gar ziehen lassen, bis sie an die Oberfläche steigen.

4 Die Topfenknödel mit einer Schaumkelle aus dem Wasser heben, abtropfen lassen und noch heiß in den Kuchenbröseln wälzen.

...BISS ZUM NOUGATKERN

FRENCH-KNÖDEL-KISS

MOHNKNÖDEL-CRÈME-BRULÉE

FÜR DIE CREME

3 Eigelb und 1 Ei
80 g Zucker
100 g Pflaumenkompott
300 ml Sahne
100 ml Milch
2 TL Mohn
2 EL brauner Zucker

8 Weckgläser à 80 ml
tiefes Backblech

1 Den Backofen auf 120 °C Umluft vorheizen. Das Eigelb und das Ei in einer großen Schüssel mit dem Zucker glatt rühren und bereitstellen. Die Weckgläser vorbereiten: In jedes der 8 Weckgläser 1 Teelöffel Pflaumenkompott geben.

2 In einem Topf Sahne und Milch mit dem Mohn kurz aufkochen, dann vom Herd nehmen. Die heiße, aber nicht mehr kochende Sahne unter ständigem Rühren in die Eiermischung einlaufen lassen und alles sorgfältig vermischen.

3 Die vorbereiteten Gläschen gleichmäßig bis etwa 5 mm unter dem Rand mit der Eiersahne befüllen. Die Cremeförmchen in ein tiefes Backblech mit lauwarmem Wasser stellen, sodass sie zu etwa ¼ im Wasser stehen. Für 25 Minuten im Backofen stocken lassen. Die fest gewordene Creme anschließend noch mindestens 2 Stunden kalt stellen.

4 Die gut gekühlte Mohnknödel-Crème-brulée unmittelbar vor dem Servieren aus der Kühlung nehmen, reichlich mit braunem Zucker bestreuen und mit einem Bunsenbrenner abflammen, bis eine schöne Zuckerkruste entsteht.

TIPP: Ohne Brenner im Backofen auf der obersten Schiene unter dem auf 250 °C aufgeheizten Grill karamellisieren lassen.

KLOSS COUTURE
Wenn einen Knödelliebhaber die französische Muse küsst, kommt diese vom Mohnknödel inspirierte Crème brulée heraus. – Bon appétit!

FESTTAGSKNÖDEL

LEBKUCHEN-SERVIETTENKNÖDEL MIT BRATAPFELEIS

FÜR DAS BRATAPFELEIS

100 g Zucker und 100 ml Wasser
3 Äpfel
1 Zimtstange
3 Nelken
300 g Sauerrahm
Saft von 2 Zitronen

Kleine Auflaufform, mit Butter gefettet

1 Für den Läuterzucker – also eine Zuckerlösung – Zucker und Wasser 1:1 in einem Topf mischen und erhitzen, bis sich der Zucker vollständig gelöst hat. 30 Minuten abkühlen lassen.

2 Den Ofen auf 180°C Umluft vorheizen. In der Zwischenzeit die Auflaufform fetten. Die Äpfel heiß abwaschen und das Kernhaus herausstechen. Die Zimtstange in 3 Portionen teilen und jeden Apfel mit etwas Zimt und 1 Nelke befüllen. Die gewürzten Äpfel in der Auflaufform für 20 Minuten auf der mittleren Schiene im Backofen braten. Danach 30 Minuten auskühlen lassen.

3 Die Nelken und die Zimtstücke entfernen und die weich gebratenen Äpfel mit Läuterzucker, Sauerrahm und Zitronensaft fein pürieren.

4 Die Masse in der Eismaschine gefrieren lassen. Alternativ in den Gefrierschrank geben und ungefähr alle 20 Minuten kräftig umrühren, bis das Eis durchgefroren ist.

FÜR DIE SERVIETTENKNÖDEL

200 ml Milch
400 g altbackene Lebkuchen, gewürfelt
50 g Mandelstifte
50 g Zucker
3 Eigelb
1 TL Orangeat, sehr fein gehackt
3 Eiweiß, geschlagen

1 EL Butter zum Braten

1 Die Milch auf etwa 90°C erhitzen. Die Lebkuchenwürfel in einer Schüssel mit der heißen Milch übergießen und abgedeckt 20 Minuten ziehen lassen.

2 In der Zwischenzeit die Mandelstifte in einer Pfanne ohne Fett kurz anrösten. Die eingeweichten Lebkuchenwürfel mit den Mandelstiften, Zucker, Eigelb und zerkleinertem Orangeat vermischen, nicht kneten. Danach vorsichtig das Eiweiß mit einem Spatel unterheben.

3 Einen Serviettenknödel formen (→ S. 11) und in reichlich siedendem Salzwasser bei mittlerer Hitze 45 Minuten garen. Mindestens 2 Stunden in der Folie kalt stellen.

4 Zum Servieren den Serviettenknödel auspacken, in Scheiben schneiden und in einer Pfanne mit Butter auf beiden Seiten goldbraun braten.

DIESER KNÖDEL IST EIN ECHTER MEISTER DER TÄUSCHUNG: SIEHT HEISS AUS, IST ABER EISKALT, GIBT SICH SÜSS UND STECKT DOCH VOLLER GESUNDER ZUTATEN. MAN NENNT IHN AUCH SUPERFOOD-TARTUFO.

KLOSS IM TARNKLEID

GRÜNTEE-EISKNÖDEL MIT KAROTTENHEU

FÜR DEN KNÖDEL

400 ml Milch
20 g Matchapulver
150 g Zucker
100 ml Sahne
2 Blatt Gelatine, eingeweicht
50 g Minze
150 g Milchbrötchen, klein gewürfelt
und getrocknet

1 Die Milch in einem Topf mit dem Teepulver
und dem Zucker einmal aufkochen lassen, dann
sofort vom Herd nehmen und 10 Minuten ziehen
lassen. Anschließend die Sahne dazugeben und die
Milch nochmals auf etwa 80 °C erhitzen, also nicht
mehr aufkochen! Dann vom Herd nehmen.

2 Die Gelatine gut ausdrücken und in der heißen
Milch-Sahne-Mischung auflösen. Die Matchamilch
in der Eismaschine gefrieren lassen. Alternativ in den
Gefrierschrank geben und ungefähr alle 20 Minuten
umrühren, bis das Eis ganz durchgefroren ist.

3 Minze und Milchbrötchen in der Küchenmaschine
zu feinen Bröseln mixen und beiseitestellen.

4 Das Eis einige Minuten vor dem Servieren aus
dem Gefrierschrank nehmen und leicht antauen
lassen. Mithilfe eines Ess- oder Eislöffels 4 große
Knödel formen. In den Minzebröseln gewälzt mit
den süßen Karotten servieren.

FÜR DAS KAROTTENHEU

1 Karotte, geschält und in
feine, lange Streifen geschnitten
80 g Zucker
Saft von 3 Zitronen

1 Die Karotten in einem Topf ohne Deckel mit
Zucker und Zitronensaft einkochen, bis keine
Flüssigkeit mehr vorhanden ist.

TIPP: Schmeckt lauwarm am besten!

MATCHAKNÖDEL FOR YOUTH!

FONDUE À L'ORANGE

ORANGEN-TOPFENKNÖDEL MIT SCHOKOLADENSAUCE

FÜR DIE TOPFENKNÖDEL

105 g Semmelbrösel, 105 g Hartweizengrieß
750 g Halbfettquark (20 % Fett)
3 Eier
50 g Zucker
Mark von 1 Vanilleschote
1 Tonkabohne, gerieben
Abrieb von 2 Orangen
1 Prise Salz

1 Die Semmelbrösel mit dem Grieß mischen und bereitstellen. Quark, Eier, Zucker, Vanillemark, Tonkabohnenabrieb, Orangenabrieb und Salz in einer Schüssel auf höchster Stufe mit dem Handrührgerät aufschlagen. Anschließend die Grießmischung unterrühren. Den Teig 45 Minuten abgedeckt im Kühlschrank ruhen lassen.

2 Mit feuchten Händen etwa 25 Knödel mit 3 cm Durchmesser formen. In kochendem Wasser 10 Minuten sanft wallend gar ziehen lassen, bis die Knödel an die Oberfläche steigen.

FÜR DIE SCHOKOSAUCE

200 ml Milch
25 g Zucker
1 TL Zimt
3 EL Kakaopulver
175 g Zartbitterschokolade, gehackt

1 Die Milch mit Zucker, Zimt und Kakaopulver in einem Topf kurz aufkochen, dann vom Herd nehmen und die gehackte Schokolade in die heiße Flüssigkeit rühren, bis eine glatte und glänzende Schokosauce entsteht.

2 Die Sauce in einem Schokofonduetopf mit den Knödeln und kleinen Obststückchen zum Tunken servieren.

TIPP: Natürlich schmecken die Topfenknödel auch schlicht auf einem Teller mit Schokospiegel.

EXTRATIPP
Die würdigste Art, die ganz sicher »schönste Beilage der Welt« gebührend zu zelebrieren! Schnapsdrosseln rühren noch etwas Orangenlikör in das Fondue.

HARTE SCHALE, WEICHER KERN

ZWETSCHGEN-EISKNÖDEL

FÜR DIE KNÖDELHÜLLE

400 g Zartbitterschokolade (70%)

Schokohüllen-Förmchen mit 8 cm ø

....

1 Zum Temperieren die Schokolade zunächst grob hacken. ⅔ der Schokoladensplitter in eine Metall-schüssel geben und über dem warmen Wasserbad unter gelegentlichem Rühren langsam schmelzen. Die Temperatur sollte dabei nicht zu hoch sein: Vollmilch- und weiße Schokolade schmelzen bei 40–45 °C, Zartbitterschokolade bei 45–50 °C. Idealerweise mit einem Patisseriethermometer kontrollieren.

2 Sobald die Schokolade geschmolzen ist, den Rest der gehackten Schokolade unter Rühren dazugeben. Dadurch kühlt die Masse automatisch auf 26–28 °C ab. Die Schokolade nun nochmals langsam erwärmen, bis sie eine Temperatur von 30–33 °C erreicht hat.

3 Die Schokolade gleichmäßig auf die Formen verteilen und diese schwenken, sodass sich die Schokolade überall gleichmäßig dick verteilt. Die Formen anschließend 5 Minuten stehen lassen, dann mit der Rundung nach oben auf ein Gitter zum Abtropfen der überschüssigen Schokolade geben.

4 Die Hüllen in der Form mindestens 1 Stunde kühlen.

FÜR ZWETSCHGENRÖSTER UND EIS

600 g Zwetschgen, entkernt
150 g Zucker
250 ml Rotwein, trocken
1 Zimtstange
4 cl Gin, z.B. Duke

....

1 Die Zwetschgen in einem Topf mit Zucker, Rotwein und Zimtstange in ungefähr 10 Minuten weich kochen. Gegen Ende der Garzeit den Gin dazugeben und noch kurz mitköcheln lassen. Die Hälfte des Zwetschgenrösters kalt stellen.

2 Die 2. Hälfte des Zwetschgenrösters für das Zwetschgeneis etwas abkühlen lassen, fein pürieren und in der Eismaschine gefrieren lassen. Alternativ in den Gefrierschrank geben und ungefähr alle 20 Minuten kräftig umrühren, bis das Eis ganz durchgefroren ist.

3 Zum Servieren die Schokohalbkugeln vorsichtig aus den Formen lösen. Auf 4 Teller je 1 Löffel Zwetschgenkompott setzen und 1 Halbkugel darauf setzen. Mit etwas Kompott und 1 Kugel Zwetschgeneis füllen und die 2. Halbkugel als Deckel aufsetzen.

GIB DIR DIE KUGEL!
ZUR FEIER DES ZWETSCHGEN-
KNÖDELS HABEN WIR DIESE
HOMMAGE MIT ESSBAREM
GOLDSPRAY VEREDELT.

KNÖDEL SÜßKNUSPRIG

KÜRBISKNÖDEL MIT MANGO-CHILI-SALAT

FÜR DIE KÜRBISKNÖDEL

120 ml Milch
30 g Butter
2 EL brauner Zucker
200 g Knödelbrot, gewürfelt
80 g Hokkaido-Kürbis, sehr
klein gewürfelt
oder geraspelt
1 EL Mehl
1 Ei
80 g weiße Schokolade, in 8 Portionen geteilt
1 Vanilleschote, aufgeschlitzt
1 Zimtstange

1 l Pflanzenöl zum Frittieren
80 g Mehl, 2 Eier und 100 g Semmelbrösel
zum Panieren

1 Die Milch in einem Topf mit Butter und Zucker auf 90 °C erhitzen. Das Knödelbrot in einer Schüssel mit der heißen Milch übergießen und abgedeckt 20 Minuten ziehen lassen.

2 Das eingeweichte Brot mit dem Kürbis, dem Mehl und dem Ei zu einer gut bindenden Masse vermischen. Nicht kneten! Mit feuchten Händen 8 Knödel formen und jeweils mit einem Würfel weißer Schokolade füllen (→ S. 10). 2 Stunden kühl stellen.

3 Die Knödel in reichlich kochendem Wasser mit der Vanilleschote und der Zimtstange 20 Minuten sanft wallend gar ziehen lassen. Anschließend abtropfen und kurz auskühlen lassen.

4 Das Pflanzenöl in einer Fritteuse oder einem weiten Topf auf 180 °C erhitzen. Die Temperatur ist erreicht, wenn an einem Holzkochlöffel kleine Bläschen aufsteigen. Zum Panieren die Kürbisknödel zuerst im Mehl wenden, danach etwas abklopfen. Dann durch die verquirlten Eier ziehen, den Überschuss gut abtropfen lassen und abschließend im Paniermehl wälzen. Goldbraun ausbacken.

FÜR DEN MANGOSALAT

1 Chilischote, fein gehackt
80 g Zucker, Saft von 2 Zitronen
1 Mango

1 Die Chilischote mit dem Zucker und dem Zitronensaft im offenen Topf einkochen, bis die Sauce sirupartig eindickt. Dann leicht abkühlen lassen.

2 In der Zwischenzeit die Mango schälen, das Fruchtfleisch in feine Streifen schneiden und die Fruchtstücke mit der lauwarmen Chilireduktion marinieren.

ÜBERRASCHUNGSKNÖDEL
Unter der rauen Schale verbirgt sich lockerer Knödelteig mit einem cremigen Schokokern.

BOULETTE SUZETTE

FLAMBIERTER SERVIETTENKNÖDEL MIT ZWETSCHGENKOMPOTT

FÜR DAS ZWETSCHGENKOMPOTT

200 g Zwetschgen, frisch oder TK,
entkernt und halbiert
100 g Zucker
200 ml trockener Rotwein
1 Zimtstange
1 Vanillestange, aufgeschlitzt

1 Die Zwetschgen in einen Topf mit dem Zucker
kurz andünsten, anschließend mit Rotwein
ablöschen, den Zimt und die Vanillestange hinzugeben. So lange einkochen, bis der Saft sirupartig
andickt.

FLAMMENDE KNÖDELLIEBE ...
...war der Pate dieses Rezeptes!
Der luftige Serviettenknödel
brennt am liebsten mit Bavarian
Single Malt Whisky vom Schlier-
see, fackelt aber auch bei anderen
Sorten nicht lange.

FÜR DEN SERVIETTENKNÖDEL

150 ml Milch
200 g Zucker, Mark von 1 Vanilleschote
200 g Milchbrötchen, gewürfelt
4 Eigelb, 4 Eiweiß, steif geschlagen
50 g Butter zum Braten
80 ml Slyrs oder anderer Whisky

1 Die Milch mit 100 g Zucker und Vanillemark
auf 90 °C erhitzen. Die gewürfelten Milchbrötchen
in einer Schüssel mit der Milch übergießen und
abgedeckt 30 Minuten ziehen lassen.

2 Die Eigelbe gut mit den eingeweichten Brötchen
vermengen, anschließend behutsam den Eischnee
unterheben. Die Serviettenknödelmasse soll sehr
weich und luftig sein.

3 Einen Serviettenknödel formen (→ S. 11).
Den Knödel in reichlich kochendem Salzwasser
bei mittlerer Hitze 45 Minuten garen.

4 Die Knödelrolle mindestens 2 Stunden oder
über Nacht in der Folie im Kühlschrank kalt stellen.
Vor dem Servieren auspacken, in etwa 2 cm dicke
Scheiben schneiden und in einer unbeschichteten
Pfanne bei mittlerer Hitze goldbraun in Butter
braten, dabei beide Seiten mit dem restlichen
Zucker bestreuen, sodass der Knödel karamellisiert
wird.

5 Zum Schluss zum Flambieren mit Slyrs aufgießen
und mit einem Feuerzeug anzünden.

TRIS DI CANEDERLI

DREIERLEI PRALINENKNÖDEL

FÜR DIE KOKOS-LIMETTEN-KNÖDEL

80 ml Kokosmilch
300 g weiße Kuvertüre, gehackt
2 EL Rum, Abrieb von 3 Limetten
50 g Kokosflocken

....

1 Die Kokosmilch aufkochen, dann vom Herd nehmen und Kuvertüre, Rum und Limettenabrieb hinzugeben. So lange rühren, bis eine glatte Masse entsteht. 2 Stunden abgedeckt kalt stellen.

2 Um die Pralinenknödel zu formen, mit einem Teelöffel kleine Portionen abstechen und diese mit kühlen Händen zu Knödeln mit etwa 2 cm Durchmesser drehen. Die Schokokugeln abschließend in Kokosflocken wälzen.

FÜR DIE SCHOKO-LAVENDEL-KNÖDEL

130 ml Sahne
300 g Vollmilchkuvertüre
1 Espressolöffel Lavendelblüten
50 g gemahlene Haselnüsse

....

1 Die Sahne aufkochen, dann vom Herd nehmen und die Kuvertüre und die Lavendelblüten hinzugeben. So lange rühren, bis eine glatte Masse entsteht. 2 Stunden abgedeckt kalt stellen.

2 Wie bei den Kokos-Limetten-Knödeln in Schritt 2 beschrieben kleine Pralinenknödel formen und diese in den gemahlenen Haselnüssen wälzen.

FÜR DIE HERBEN ORANGENKNÖDEL

150 ml Sahne
300 g Zartbitterkuvertüre
1 EL Orangeat, fein gehackt
Abrieb von 2 Orangen
50 g Kakaopulver

....

1 Die Sahne aufkochen, dann vom Herd nehmen und die Kuvertüre, das sehr fein zerkleinerte Orangeat und den Orangenabrieb hinzugeben. So lange rühren, bis eine glatte Masse entsteht. 2 Stunden abgedeckt kalt stellen.

2 Wie bei den Kokos-Limetten-Knödeln in Schritt 2 beschrieben kleine Pralinenknödel formen und diese in Kakaopulver wälzen.

TIPP: Die Hände beim Formen zwischendurch unter kaltem Wasser runterkühlen.

NIMM 3!

REZEPTVERZEICHNIS

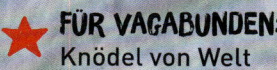
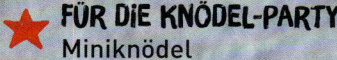

WIR SAGEN DANKE

WIR DANKEN DEN FOLGENDEN FIRMEN
FÜR IHRE GROSSZÜGIGE UNTERSTÜTZUNG DES FOTOSHOOTINGS
MIT WUNDERBAREM GESCHIRR UND ACCESSOIRES:

alpenweit
Jutta Schönberger
Birkenwaldstr. 213 A
70191 Stuttgart
Tel.: 07 11/67 43 08 10
info@alpenweit.de
Alpiner Lifestyle, handgefertigte Wohnaccessoires und authentisches Handwerk von Manufakturen und Familienunternehmen, die ausschließlich in den Alpen gefertigt werden. Design, das Handwerk, alte Werte und Moderne verbindet und lokal produzierte Feinkost.

Alles klar! Verwaltungs AG
Gotzinger Str. 48
81371 München
www.allesklar-verleih.com
Partyverleih für den perfekten Event. Günstig das passende Partyzubehör für die nächste (Knödel)party mieten. Eine riesen Auswahl an wundervollem Geschirr, Besteck und Deko.

RIESS KELOmat GmbH
Maisberg 47
A-3341 Ybbsitz
Tel.: +43 74 43/86 31 50
www.riess.at
Emaillegeschirr bester Qualität aus dem österreichischen Mostviertel. Das Unternehmen in neunter Generation verbindet Tradition und Moderne in Form von Essgeschirr, Schaumkelle, Dämpftopf & Co.

Zieher KG
Kulmbacher Str. 15
95502 Himmelkron
Tel.: 0 92 73/927 30
verkauf@zieher-selection.com
Anrichten und Genießen wie die Profis: Der traditionsreiche Gastronomieausstatter bietet auch eine hochwertige und designorientierte Linie für Endverbraucher an. Damit wird jeder Knödel zum Kunstwerk!

ÜBER DEN AUTOR

Michael Schlaipfer ist 25 Jahre jung, Koch und erfolgreicher Restaurant-besitzer mit Leib und Seele. 2012 hat er sich seinen Traum erfüllt und das *Michael's Leitenberg* in Frasdorf eröffnet. Und das bekocht der kreative Oberbayer mit so viel Begeisterung und Erfolg, dass es schnell zum kulinarischen Geheimtipp wurde.

Sein Handwerk lernte der aus einer Gastronomenfamilie stammende Autor u. a. bei TV-Koch und Kochberater Werner Koslowski. Michaels Anspruch ist es, – neben seiner Begeisterung für Knödel – außergewöhn-liche Geschmackserlebnisse mit regionalen Zutaten zu zaubern und seine Gäste so immer wieder aufs Neue zu überraschen.

Impressum

Bibliografische Information der Deutschen Nationalbibliothek

Die Deutsche Nationalbibliothek verzeichnet diese Publikation in der Deutschen Nationalbibliografie; detaillierte bibliografische Daten sind im Internet über http://dnb.d-nb.de abrufbar.

BLV Buchverlag
GmbH & Co. KG

80636 München

© 2016 BLV Buchverlag GmbH & Co. KG, München

Bildnachweis:
Alle Fotos von Peter Raider
Dekoration: Andrea Wimmer
Foodstyling: Michael Schlaipfer

Grafiken: Julia Romeiß

Umschlagkonzeption und Gestaltung: Julia Romeiß
Umschlagfotos: Peter Raider, Fotolia (Fond)

Lektorat: Sonja Forster (Idee, Konzept, Texte)
Herstellung: Angelika Tröger
Layoutkonzept Innenteil: Julia Romeiß
Satz: Uhl + Massopust GmbH, Aalen

Gedruckt auf chlorfrei gebleichtem Papier

Printed in Germany
ISBN 978-3-8354-1535-5

Hinweis
Das vorliegende Buch wurde sorgfältig erarbeitet. Den-noch erfolgen alle Angaben ohne Gewähr. Weder Autor noch Verlag können für eventuelle Nachteile oder Schä-den, die aus den im Buch vorgestellten Informationen resultieren, eine Haftung übernehmen

www.facebook.com/blvVerlag

Ihr kulinarisches Erlebnis

Michael's Leitenberg - das Restaurant

Michael's Küche steht für natürlichen Genuss mit höchsten Ansprüchen. In Frasdorf servieren wir Ihnen im stilvollen Ambiente unseres Restaurants frische kulinarische Ideen.

Außergewöhnliche Küche mit frischen Kreationen passend zur Saison

Michael's Kochkurse

Michael gibt Ihnen Tipps rund ums Kochen für den Alltag. Sie erfahren, wie Sie mit rein natürlichen Zutaten außergewöhnliche Gerichte kochen. Aktuelle Termine auf unserer Webpage.

Kochen lernen in lockerer Atmosphäre mit Spaß & Mehrwert!

Michael's Gewürze

Außergewöhnliche Gewürzmischungen, die Ihren Gaumen überraschen. Erhältlich im Restaurant oder per Bestellungen via E-Mail.

Gewürzsalze mit natürlichen Zutaten für einen unverfälschten Genuss